JN318444

買い物難民を救え!

移動スーパーとくし丸の挑戦

村上 稔
MINORU MURAKAMI

はじめに

私が買い物難民対策のソーシャルビジネスに携わるようになって、ほぼ三年になります。その事業内容を一言でいうと「移動スーパーのネットワーク作り」です。

「移動スーパー」と言えば昔からあるもののようですが、その仕組みはこれまでに無かった、まったく新しい画期的なビジネスモデルなのです。

二台の軽トラックで、私の家の周辺をトコトコ走ることからはじまったこの「移動スーパーとくし丸」が、今、徳島県内で一〇台（二〇一四年五月現在）、さらに県境を越えて京都、高知、東京、広島、福島……と拡がって、全国の買い物難民問題の解決に具体的に貢献しはじめています。

机上で考えた理念が、三年間汗を流すことによって、ようやくカタチを見せてきたのです。私は、このとくし丸モデルが全国に拡がることによって、数年後には、買い物難民という言葉は、日本の社会問題リストから削除されていることを確信しています。

新しいことは、机の上で考えるのは簡単ですが、いざ実行に移すとなると大変です。計画段階を経て実際に社会の中でカタチにし、成り立たせていくのは決してスマートなものではありません。

成功させるために一番必要なのは、泥臭い日々の根性です。一歩でも前に進む意志と習慣の力です。それに決断力とスピード。もたもたしていたりグズだったりするのは自然消滅への道です。決断は一〇〇点満点でなくてもいい、七〇点でもいいから事態が切り開かれることを優先しなければなりません。

商売勘や厚かましさもいります。ここ一番という時にチャンスを逃さない「肚」とでもいうのでしょうか。新しいビジネスは決して、アイデアやひらめきだけで成り立つものではないのです。と、エラそうなことを言いましたが、実は私自身は、その必要項目のうちのどれひとつも身につけたものは無かったのです。私はどちらかというと「根性なし」で「おっとり型」。すばしこさや厚かましさには程遠いマイペースの平和人間なのです。

そんな私が日々、何とかやっていけているのは、ひとえに「鬼コーチ」のような、このとくし丸の社長、住友達也さんのリーダーシップによるものなのですが、それについてはこの本の所々で、お話ししていきたいと思います。

昔からある仕事も、みんなあまり意識せずにやっていますが、それは創業者からはじまる先人たちの苦悩と努力が生み出した、膨大なノウハウの上に成り立っているのです。ファーストフードやコンビニ、隣の大工さんや近所のパン屋さんでも、やはり陰で積み重ねてきた真似のできない長年の工夫や仕組みがあります。

そんな中で新しいということは、ノウハウがゼロということで、いちいちの課題解決を自分のアタマで考え、工夫し、努力をして乗り越えていくということですから、本当に大変なのです。文字どおり「一から」です。

机上のプランは、大海原の地図を広げて航海するルートを決めるようなもので、ここからここへ行くとモノサシで線を引けば済むことですが、実際の仕事は本物の海へ出てオールを漕ぐということです。次々と荒波はやってきますし危険な生物にも遭遇します。思わぬ大岩にぶつかって舟が大破してしまうリスクもあり、一時も気を許せません。食事と休息にも気を使って健康をキープしなければならず、誰かに頼ることはできません。

新しいビジネスというのは「冒険」と言っていいような、リスクの大きい未知の世界への挑戦なのです。

さらに私たちのビジネスには、アタマに「ソーシャル」という言葉がついています。

ソーシャルビジネスというのはお金儲けだけが目的ではなく、何らかの社会問題の解決に具体的に役立つような、新しい価値観と仕組みをもった仕事です。

もちろんビジネスですからお金儲けは大切なのですが、それと同じだけの重要性を持って社会問題の解決に寄与するのがソーシャルビジネスのミッションなのです。ふつうでも大変なうえにそんな宿題まで背負い込むというのですから、これはタダ事ではありません。

そんなソーシャルビジネスで「ハッピーになってやろう」という挑戦の、実践の記録と考え方の提案を、この本の中に書きました。

誰がハッピーになるのかというと、もちろん自分たち自身です。ソーシャルビジネスだからといって「自己犠牲」では長続きしません。自分たちのハッピーが一番大事です。

それからお客様。私たちのお客様というのは、主に「買い物難民」と呼ばれているような日常の買い物に苦労をしている人たちです。そういうお客様の悩みを解決してハッピーになってもらおうという訳です。

そして後に出てきますが、私たちのビジネスモデルの主役である「販売パートナー」と言われる個人事業主の皆さん。さらに商品を提供してくださり、地域の食を支えている地元のスーパーで働く皆さんです。

一部の人だけがいい思いをするためにどこかにシワ寄せがいくのではなく、このビジネスに関わるみんながハッピーになるためのチャレンジなのです。

さらに大風呂敷を広げるならば、そんなチームのハッピーの輪を、外の世界にまで広げ、世界中の人々のハッピーに寄与したいと思っているのです。

私自身、今の仕事に対して、キツいながらも心からハッピーを感じています。それはやはり、これがソーシャルビジネスであるという点が大きいと思うのです。

肉体的にも精神的にも、もしかしたら普通の仕事よりたいへんかも知れません。だけど自分たちの仕事が確実に人や社会の役に立っていると実感でき、毎日たくさんの人たちと「ありがとう」と言い合えるのは、とてもハッピーなことなのです。

この本がソーシャルビジネスに関心のある社会人や学生、買い物難民対策を考えている行政やNPO、さびれた商店街活性化や移動スーパーをやってみたいと思っている人たちの参考になればと思いますし、なんとなく読み始めてくれた人にも、新しいポジティブなアクションを起こすためのカンフル剤になればと思います。

本の中では、ビジネスの実態だけでなく、社会問題としての「買い物難民」の現実や、その背景にある政治や行政の問題点、それから将来的な、あるべきビジョン、これから求められる哲学なども自分なりに考えてみました。

そんな訳でこの本は、ソーシャルビジネス創業のノウハウであったり、はたまた文明論や社会批判であったり、あるいは仕事論であったりという「だんご状態」になっていますが、自分としては、「ハッピーになるための幸福論」として一本筋を通したつもりです。

なかなか希望を見出しにくい今の世の中ですが、簡単にあきらめず、しつこく粘っていれば、「おもしろいこと」や「夢」は必ず見つかると思います。もしかしたら今は暗いトンネルの中を、不安を胸に歩いているかもしれませんが、必ず前方から小さな明かりが見えてくると思います。

さあ、お話をはじめましょう。

目次

買い物難民を救え——移動スーパーとくし丸の挑戦

第一章　ソーシャルビジネスとの出会い

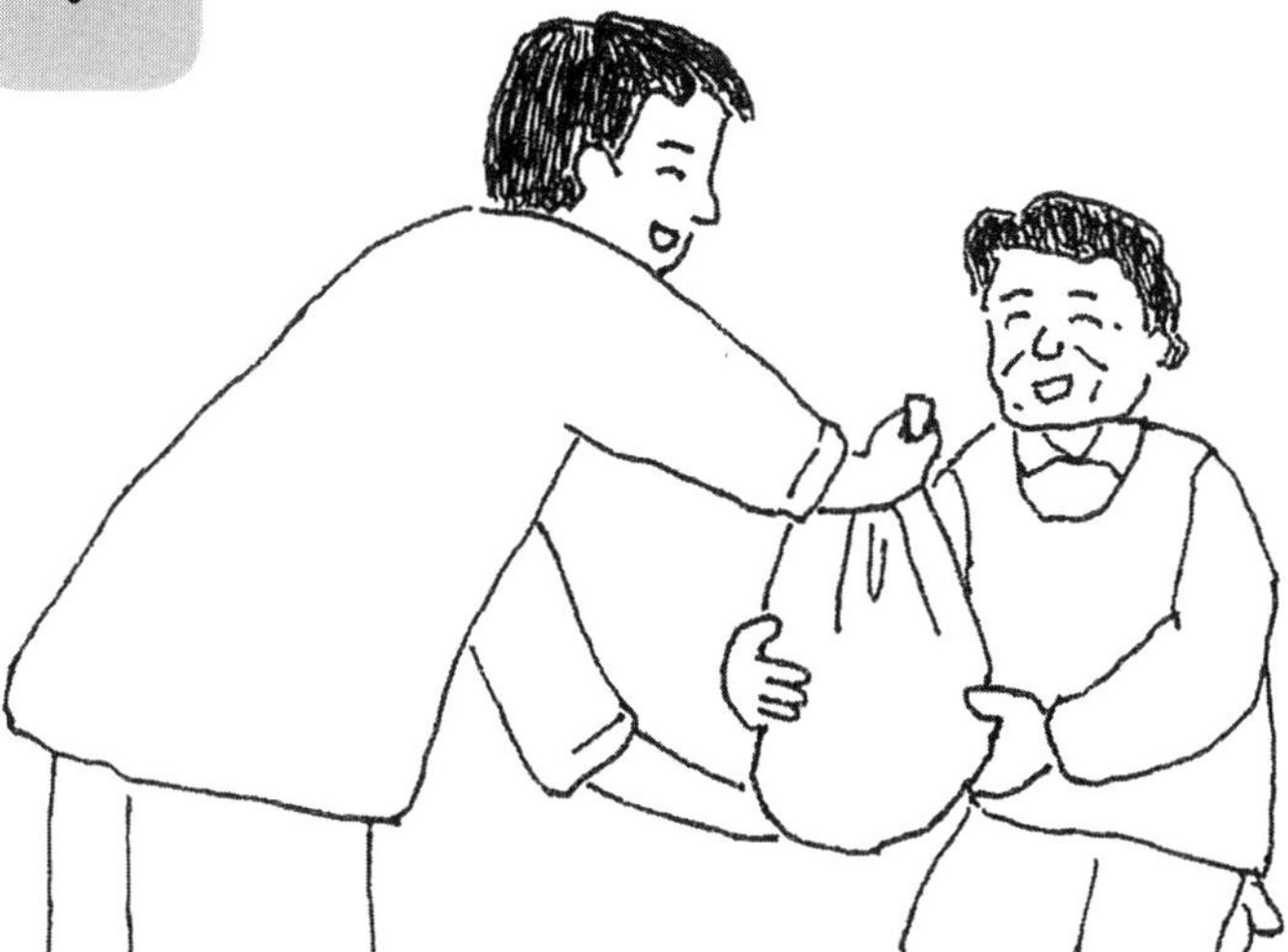

選挙で落選し失業者になる

話は創業の少し前にさかのぼります。

私は昭和四一年生まれの現在四七歳です。自分と同世代の人たちを見てみると、企業や公務員に就職して収入の安定した自分の仕事をキープし、家族を作って幸せに暮らしている人がいる一方で、いったん何かにつまずき、あるいは自らの選択で失業してしまった人たちは、本当に再就職では苦労し、ハローワークに通っても思うような条件の仕事は見つからず、苦労の道を歩んでいる人たちが少なくありません。

何を隠そう私自身も二〇一一年四月に、それまで一二年間続けてきた市議会議員を辞して県議会議員の選挙に挑戦したのですが、見事に落選をして無職の身になってしまったのです。

もちろん政治家にとって落選のリスクは常にあります。それまでは家族に対しても、「落ちたら外国に行って一から出直すのもいいかも」などとうそぶいていましたし、自分でも本当にそんな風に思っていたのでした。

やはり経済成長期に育ち、就職時にバブルを経験した私たちの世代は、「仕事は何でもある」といった、今から思えば根拠の無い、あまい感覚を身につけてしまっていたのかも知れません。

しかし失業の現実は暗いものでした。身はフリーになったのですが、心は一向に晴れません。

家族の生活や住宅ローンを抱えて、将来の夢どころか明日の生活も見えないような事態におちいってしまったのです。当面の生活費は、それまで積み立てていた議員年金制度が廃止になって、掛け金の八〇パーセントが戻ってくることになりましたので、数カ月ぐらいは何とかなりそうでした。

そこで、一、二カ月は自由を謳歌して、仕事はゆっくり考えたらいいだろうと思い、積極的に求職活動をすることもなく、ぶらぶらと過ごし始めたのですが、現実は、心はまったく楽しい気持ちにはなれず、よけいに焦りがつのるばかりです。仕事が無い日々というのは、断崖に向かって毎日一歩ずつ進んでいるような、出口の見つからないたいへんな苦しさだったのです。

私は長年、市議会議員として「弱者の立場で闘う」ことを標榜しながら、その実、世の中にあふれている失業者の気持ちひとつ理解できていなかったことを、痛いほど身に染みて知ることになったのです。

私は前著『希望を捨てない市民政治』で、国家に対する市民政治の重要性を説いたのですが、今の政権を見ていると、お金に困ったことのない二世、三世議員が多くを占めていることの一点だけをとっても、やはり市民＝庶民が声を上げることがなければ、ますます格差社会が深刻さを増してくるような気がします。

貧困や病気などの苦労は、自分で背負ったことのある人でなければ、本当の所を理解することはできないのです。アタマで理解し、口では何とでも言うことができるのですが、本当の共感は、自分自身が実感しなければわからないものですし、それとて「喉元過ぎれば」で、いざその状況を抜け出してしまえば、人間は忘れやすく傲慢に陥りやすいものなのです。

さて、失業のつらさを身に染みて知った私は、少々気恥ずかしくもありましたがハローワークにも行ってみました。ところが求人票を見てみると、ほとんどがヘルパー資格の必要な介護職か、警備員ばかりなのです。他には、肉体的に過酷そうな外食の店長候補とか、ノルマのキツそうな住宅の営業などで、それに何といっても年齢的に四〇代後半になっても応募できるのは、本当に限られたわずかな職種のみでした。ハローワークにはその後も何度か通いましたが、行くたびに鬱々として、希望を探しに行ったつもりが、よけいに暗い気持ちをつのらせるばかりだったのです。

そんなある日、私は、近所に建築中のカツ丼屋さん「かつ丸」が、バイトを募集している看板を見かけ、電話をかけてみました。そして面接に出かけ、高校生や大学生、何人かのおばちゃんたちとともに採用されたのでした。

私に割り当てられた仕事は、ひたすらトンカツを揚げることと、店が閉まってからの掃除や床すりなどでした。一〇年以上、書類くらいしか持ったことの無い虚弱な肉体にはキツいものがありましたが、それでも「仕事っていいものだなあ」と、しみじみ感じながら、夜中にカツ丼屋の床をゴシゴシとこすりました。

フランクルの名著『夜と霧』で、ナチスの捕虜生活の中での幸福感について書かれていますが、

「失業」という戦時下で精神不安定に陥っているものにとっては、「時給八五〇円頂ける」というのは、それに集中している間は実に救われる時間なのです。

カツ丼屋さんでのバイトは、長い議員生活からの社会復帰のリハビリとして、すばらしい日々となりました。私は特権に染まったアタマをすっかり切り替え、肉体的にも目に見えてたくましくなってきたのです（レジの操作や、徹底した掃除のやり方なども、後の商売の勉強になりました）。

ソーシャルビジネスってなんだ

そんな日々の中で私は、既成のいい仕事が無いのだったら、なにか自分の力で創業できるようなものはないか、これまでのキャリアや経験を活かしていく道はないだろうかと模索し始めたのです。さらにどうせやるなら、単なるお金儲けではなく、何かできるだけ社会の役に立ちながら、同時に自分の生活も成り立っていくような、新しい道はないだろうかと。そして、ネットで調べたり図書館に通ったりして、いろいろと自分なりに調べていく中で「ソーシャルビジネス」という言葉に出会ったのです。

ソーシャルビジネスというのは、一言で言えば、お金儲けでありながら、何らかの社会問題を解決することに寄与するような新しい価値観のビジネスです。

もちろん何の仕事でも何かの役に立っているのですが、ソーシャルという限りは、少なくとも

「人々の欲望をいたずらに刺激してモノを売る」のではなく、何らかの社会問題の解決、今風に言えば「ソリューション」を目指すものでなければなりません。自分の利益だけを追求するのではなく、社会問題の解決にダイレクトにつながっているような、新しい知恵のある仕組みがソーシャルビジネスなのです。

しかし、この生き馬の目を抜く競争社会で、果たしてそのような人間的な営みが可能なのでしょうか。お金持ちの道楽かボランティアでなく、ビジネスとしてそれに携わる人が「食べていける」ことなどできるのか、誰もが疑問を持つことでしょう。

ソーシャルビジネスとして、よく例に出されるものに、「フェアトレード」があります。コーヒー豆やチョコレートなど、暑い国々が産地の製品を、これまでのように買い叩いて搾取するのではなく、きちんと、生産の現場で働く人たちに利益が回っていくように価格を設定し、それを理解する人たちで購買していこうとする試みです。発展途上国の労働者に、きちんと賃金が支払われる仕組みを作って、格差社会を解消していこうという狙いがあります。

一円でも安いものを求めてディスカウントストアに押し寄せる現代人に対し、少し割高な商品を普及させるのは、なかなか難しいものがあるでしょう。だけど、とても有意義な試みだと思いますし、全てにおいて巨大資本が吸い上げてしまうようなグローバル資本主義の中で、果敢でヒューマンなチャレンジだと思います。

他にも、世界的に有名なソーシャルビジネスとして、ノーベル平和賞まで受賞した企業に、バングラデシュの「グラミン銀行」があります。

貧しい人々が、貧困を脱するために、何か小さな仕事を始めるための資金が欲しい時、無担保で小口のお金を貸してくれる銀行です。

例えば、ある女性が縫製の仕事をしたいと思っているとします。そして技術は持っていてもミシンを買うお金が無いような時、そのためのお金を融資してくれるのです。

グラミン銀行は、ずいぶん多くの実績を作り、現実に返済の焦げ付きもほとんどなく、ちゃんと収支のバランスのとれた事業を継続することができているのです。

そんな、まあノーベル賞とまではいかなくとも、何か社会問題の解決に役立つようなソーシャルビジネスが考えられないかと、小さな夢がふくらみはじめたのでした。


さて、私が最初に思いついたのは、ひとつの壮大な計画でした。

名付けて「大毛島《おおげじま》エコアイランド計画」。私の母親の住む鳴門市の大毛島を「エコアイランド」として全国に売り出せないか、というプロジェクトです。

大毛島は「鳴門の渦潮」で有名です。鳴門海峡は世界でも有数の潮流の速い海峡で、ここを「潮流発電」の大実験地にできないかと考えたのです。

その鳴門海峡に面して突き出た景勝地の一角に、鳴門の地元企業である大塚製薬の保養施設の建物があるのですが、この建物が今は使われることなく放置されています。実はこの建物はその昔、私の叔父が所有するプチホテル&レストランだったのですが、経営不振となり売却した建物だったのです。

私が思いついたのは、この建物を基地にして「大毛島エコセンター」を作り、目の前に広がる鳴門海峡でなされる潮流発電実験の研究施設にできないかというアイデアでした。

そして、この国定公園の自然豊かな美しい環境の中で、これからの環境問題について学ぶことができる、合宿型の環境教育施設をエコセンター内に併設し、近県の子どもや学生たちに開放して、未来の環境アクティビストたちを養成するのです。

エコセンターの運営はＮＰＯが担い、カフェやエコツアーなどを企画することによって維持していきます。

そういうプロジェクトを、ソーシャルビジネスとしてできないか、と考えたのです。

このアイデアに夢中になった私は、起業の方法や、カフェやエコツアーについて勉強し、何枚もの企画書を作り、大塚製薬や鳴門市役所など、関係者にプレゼンテーションをすることからはじめました。

そして鳴門市長や施設の関係者をはじめ、多くの人たちがこのプランに共感を示してくれ、友人たちは、具体的な資金集めの話に盛り上がってくれたのです。

下地が固まってきたところで、あとは決断をして、実際に一歩踏み出すかどうか、というところまでやってきたのでした。

しかし、結果的に私は、このプランの現実化に着手することができませんでした。決断にストップをかけたのは、非常に現実的な問題でした。ひとつは、これは施設の大規模な改修など大きな資金のいることなので、一朝一夕にできることではなく、腰を据えてとりかからねばなりません。「食べていける」ようになるまでに、かなりの時間がかかるだろうということです。果たしてその間の我が家の生活がキープできるかというと、もうわずか数カ月で貯金は底をつくことがわかっています。すぐにでも収入がなければ生きていくことができないのです。

もう一つは、カフェやエコツアーなどで、机上の皮算用はできても、本当に経営を成り立たせることができるのか、という点です。

私は市議会議員以前にも、いろいろな仕事をしてきましたが、自分が一から起業をしたという経験はありません。そんな自分がいきなりいろんなものを背負ってやっていけるのかというと、まったく自信が無いというのが本音だったのです。

そんな訳で、自分の考えたアイデアに興奮して、周囲を振り回しかけた私でしたが、今ひとつ煮え切れず、時間だけが過ぎ去っていくばかりでした。

移動スーパーをやろう

そんなある日、一本の携帯電話がかかってきました。相手は、昔から市民運動で付き合いのある住友達也さんでした。住友さんは、私が長年取り組んだ吉野川可動堰問題で、住民投票の請求代表人のひとりを務めてくれた人です。三〇年ほど前に徳島で「あわわ」というタウン誌出版会社を立ち上げ、最終的に六階建てのビルを持って、日本一収益を上げているタウン誌、とまで言わせしめたヤリ手の経営者でした。そして住友さんは一〇年ほど前に会社をＭ＆Ａで手放し、個人事務所で経営コンサルタントをしていたのです。

そんな住友さんの話はとても興味深いものでした。

社会問題化している「買い物難民問題」の対策として、「移動スーパー」の事業を一緒に起こしてみないか、というお誘いでした。それも自分たちが一台走らせるというのでなく、たくさんの「移動スーパーのオーナー経営者」を作って、いわばフランチャイズのようなネットワークで日本中の買い物難民問題を解決しようという、壮大で、まったく新しい発想のビジネスモデルだったのです。

住友さんのご両親は、土成町という徳島の中でも郡部のほうに住んでいるのですが、車の運転はされるものの年齢も八〇歳を超え、免許証を返上してしまったらたちまち買い物に困ります。そうなったら、子どもがお世話をするしかなくなるけれども、周囲にもそんな人がたくさんいる、これはビジネスの市場になり得るのではないか、との話でした。

この話は、私にもピンとくるものがありました。私の住んでいるのは徳島市でもわりと住宅地の中で、一見何でもありそうな便利な場所なのですが、実は意外に近所にスーパーマーケットや食料品店がなかったのです。

いや、ほんの五年ほど前までは、一軒のスーパーは残っていましたし、一五年くらい前には二軒の大きなスーパーがあったのです。ところがそれらの店が撤退して以来、一キロ周囲ぐらいの町内には、いわゆるドラッグストアが一軒新しくできたのみで、生鮮品を含めた食料品のきちんと揃う店は一軒も残っていなかったのです。

私が市議会議員の選挙のあいさつ回りで近所を歩いている時も、何人もから「近所にスーパーを作ってほしい」と陳情されました。市議会議員にそんなことを言われても、なすすべもないのですが、現実に深刻な状況だったのです。

ある時は同じ町内会で、足が悪く自由に動き回ることができない高齢の人に「今年はサンマがおいしいね」と話しかけたところ、「今年はまだサンマを食べてないわ」というのです。こんなにサンマが安くておいしい時期にどうしてかと尋ねると、足が不自由でスーパーに買い物に行けなくて、仕方なしに近所にあるパン屋さんでパンばかり買って食べている、というのです。

健常で、自動車に乗っている人間にはわからないのですが、高齢になって自動車にも乗れず、歩行や自転車、シルバーカーを押していくには、郊外型の大型ショッピングセンターは、あまりにも遠すぎるのです。

このサンマの一件によって、私は、買い物難民という社会問題を本当に身近でリアルな問題として心に刻んだのでした。そして私は自分の政策テーマの一つとして「買い物難民対策」をあげ、コミュニティ交通のあり方などを提案していくことを選挙の公約にしていたのです。そんな訳で、住友さんの話には一も二も無く共感するものがあったのです。

私は一晩考え、とりあえず今、自分が考えているプロジェクトはお蔵に入れ、住友さんの言う移動スーパー事業を一緒に起ち上げていく決断をしました。

「買い物難民」は、とてもリアルな周囲にあふれている問題です。その問題を具体的に解決するというのは、まさにソーシャルビジネスそのものです。さらに、自分自身をソーシャルビジネス・パーソンとして鍛えていくには、この上もないチャンスかもしれないと考えたのです。

買い物難民はなぜ生まれてきたのか

この買い物難民問題は、最近でこそ日本でも注目されるようになりましたが、欧米では実は二〇年以上も前から問題になっていました。

アメリカで問題が浮き彫りになってきたのは、「ウォルマート」という巨大ディスカウントチェーンの、地方都市への出店がきっかけでした。

この会社のキャッチフレーズは「エブリデイロープライス」、つまり「毎日安売り」という訳です。ウォルマートが進出してきた町の、昔からある既存のスーパーや商店は、価額競争ではひとたまりもありません。なにせ巨大資本は、商品も仕入れの量が違います。食品メーカーは、大量に仕入れてくれる小売には当然、安く卸すことになります。そこで、同じ商品でも店頭で安く売ることができるのです。

さらに店の面積も巨大で、駐車場はたっぷりです。選べる品数も豊富ですから、消費者が見るみるそちらへと流れていくのは当然です。そして昔から町の食生活を支えてきた地元資本の小さなスーパーや商店は客が離れ、店じまいを余儀なくされてしまうのです。

気がついたらその町の食料品店はウォルマート一軒のみとなってしまうのですが、最悪なことに、そのたった一軒残ったウォルマートが、チェーン全体の経営の合理化・効率化を理由に、その町から撤退してしまうのですから住民はたまったものではありません。

そしてその町は「フードデザート」と呼ばれるようになります。デザートとは「砂漠」の意味です。つまり「食の砂漠」……食料を調達できるところがどこにもない町になってしまうのです。このフードデザート問題が、構造的にそっくりそのまま日本に輸入されて、近年の「買い物難民」の問題となったのです。

日本の地方都市でも、ここ数年、とくに大手資本のメガディスカウントチェーンが凄まじい勢いで進出しています。私の住む徳島でも、この一年以内に同じチェーンの大型店が一〇店近くほぼ同時にオープンし、小さな食料品店はもちろん、昔からある中堅スーパーはひとたまりもなく押し潰されてしまいました。そのディスカウントチェーンのキャッチフレーズは「三六五日毎日安い！」、まさにウォルマートの「エブリデイロープライス」そのままです。

徳島市の隣町の北島町は、人口二万二〇〇〇人ほどの小さな町ですが、この同じチェーンが二店、ほぼ同時にできました。私が地図に印をつけてみると、既存のスーパーは、たいてい周囲の直径三〇〇メートルほどの商圏を互いに避けて出店しているのですが、このチェーンは、見事にそこに割って入っています。これを見るとまさに「破壊のための出店」といっても言い過ぎではないような気がします。

こういう大資本が、容赦なく地方へ進出してきています。私がこの原稿を書いている昨日も、三店ほど経営している地元のスーパーチェーンが倒産したという記事が新聞に載っていました。小さな記事ですが、その店の周辺には、また新たな買い物難民が生まれているのです。そして実際、そのスーパーの現場では何十人もが働いています。その人たちが明日から路頭に迷うことになるのです。買い物難民問題は、たんに買い物だけでなく、背景に失業問題をもはらんでいる、深刻な現代の社会問題なのです。

弱者切り捨ての政策

また、日本の買い物難民問題の背景にはこれまでの、とくに四、五〇年ほど前の高度経済成長終盤の都市計画や町づくり政策があります。

その頃は経済成長とともに人口が増加し、人の住む住宅をいかにして増やしていくかということが都市政策の重要課題でした。そこで田畑等の開発許可を大幅に緩和し、それまでの町の周辺部に次々と新しい住宅地をつくっていったのです。東京都の多摩ニュータウンや大阪の千里ニュータウンなどが有名ですが、地方都市でも、数十件規模からの小さな団地が、雨後の筍のごとく、次々と開発されていったのです。私は一九六六年の生まれですが、そういう団地で生まれ育った同級生が少なくありません。

こういう団地が今、まさに買い物難民問題を生み出しています。団地が開発された当時は、近くにスーパーもあったのですが、今では、人口構成や人々の職場環境もかわり、たいていのスーパーはすでに撤退してしまいました。団地に住む人の年齢層は今、だいたい七〇代を超えてきています。これからますます買い物の困難さが増してくるのは間違いありません。

この新しい団地開発の都市計画は、建設当時には考えていなかったいろんな問題をはらんでいました。

少し本論とはズレますが、私がかつてフィールドワークした、二〇〇〇年九月の東海水害の現場を思い出します。この水害は、大雨によって名古屋市近郊を流れる「新川」が決壊し、町の大半が水に浸かって大きな被害をもたらしたものでしたが、町に詳しい人に案内してもらって現場をつぶさに見て歩く中から、ある事実が浮かび上がってきたのです。

このあたりの土地は、例の昭和四〇年代に開発された団地でしたが、もともとは、江戸時代以来の「遊水地」だったのです。東海地方というのはそもそも大雨の来襲地帯です。この町は、名古屋城下の周辺部に位置し、大雨が降った時には、わざと水没をさせて、城の付近に水が流れ込んでくるのを防ぐという「遊水機能」をもった土地だったのです。その証拠は今でも残っていて、新川の堤防の一部が低く削られているのですが、この度の洪水はまさにこの部分から一気に流入してきたものでした。

つまり、大雨の時に水没するようにわざわざ作られた土地を、政策によって無理に開発した団地だったのです。

私のねらいは当時の責任者を追及する事ではありませんが、結果から見ると、とにかくそういう無責任な政策であったということです。こういう国策を背景に全国至る所にできた新興住宅団地が今、様々な問題を露呈していますが、そのひとつの象徴が「買い物難民問題」なのです。

こういう団地を歩いていて、市議会議員時代に幾度となく聞いたのは、「家を建てるときには小学校もできるって説明を受けたのに結局できなかった」「最初の何年かはスーパーもあったけど、すぐに無くなった」「パンフレットには電車の駅ができるって書いてあった」等々の話です。「豊かな生活」というバラ色のイメージの宣伝に煽《あお》られ、みんなそれぞれの夢を持ってマイホームを建て、暮らしはじめたのでしょう。

それから四、五〇年が経ち、今ではほとんどの団地は閑散として人気がありません。昔はたくさんの子どもたちの遊ぶ姿が見られたメインストリートには、誰もいないか、乳母車を押してゆっくりと歩く高齢者の姿しか見られません。日中に通る車は、たいていがデイサービスの送迎車です。

計画的・合理的に作られた直線的な町は、有機的な変化に乏しく、そこでの暮らしは、それに順応するように、人間的なコミュニケーションが乏しくなっているように感じます。井戸端会議のような、昔ながらの人の気配も希薄です。

「無縁社会」というさびしい言葉にリアリティを感じるのは、こういう団地の風景です。この現代的な風景の中で今、問題になっているのが「孤独死」「無縁死」であり、それと根を一つにする社会問題が「買い物難民」なのです。

「難民」という言葉がキツすぎるという意見もありますが、これは、言葉の生みの親である帯広畜産大学の杉田聡教授が指摘するように、ここ数十年の都市政策や交通政策、あるいは商業政策が「見捨ててきた」、「見て見ぬふりをしてきた」問題であるということは明らかです。それゆえに「難民問題」なのです。

もう四日も食べてない

私たちのビジネスモデルについては、後に詳しくお話ししますが、まずは買い物難民の現状について少しレポートをしたいと思います。

私たちは創業以来、膨大な時間を、地域を一軒一軒歩き、買い物の現状をヒアリングすることに費やしてきました。その数、数万件に及ぶと思います。そうした日々の活動から、買い物に困っている人、すなわちお客様を探し出してきたのです。

そんな訳で、「買い物難民」について調査研究をしている学者やジャーナリストの方はたくさんおられると思いますが、私たちがたぶん、日本一、現状の生の声を聴いているのではないかと思います。

ひとことに買い物難民とは言っても、いくつかの段階があります。まず基本的な条件は、スーパーや食料品店から遠くて、自動車を運転しない、ということだと思いますが、体がまだ元気な人は、自転車や徒歩でも行くことができますので、それほど深刻ではありません。「何かあったら心配」というレベルです。

しかし問題は、高齢や病気で体が不自由になり、しかも身内が少なく、公的なサービスにも頼らず、日々の買い物が生死を決するといってもいいような人が、少なからずいるという事実です。

先日も、ある高齢の男性から会社に電話がありました。聞いてみると「もう四日も食べてなくて水だけを飲んでいる。とくし丸に来てほしい」と言うのです。

そのエリアに訪問できる日ではなかったので、私たちはあわててコンビニで弁当を買って持って行ったのですが、男性は足を悪くして外に出ることもできず、ヘルパーなどの公的なサービスも受けずにいたので、まさに危機一髪、私たちがポスティングをしていたチラシが最後のライフラインになったのです。

だいたい私たちは、お客様開拓の歩きで、一日五〇～一〇〇軒近くを訪問して回るのですが、三日に一人ぐらいは、何らかの行政支援が必要なレベルの人に出会います。介護保険を受けているような人は、まだ元気な方なのです。本当に弱っている人は、支援を申し出る積極性すらも萎《な》えて、家の中で何とか生き延びている、という状態です。こういう人を見つけ出すのは、一軒ずつ歩く以外にありません。

農水省の調査では、買い物難民予備軍は、全国で六〇〇万人以上と言われています。その中でも本当に困っている人は何分の一かと思いますが、やはり実際に少なからぬ数の人々が、買い物難民といっていい現状であるのは間違いないのです。

移動スーパーがシンプル＆ベスト

では、この買い物難民とされる皆さんは、どうやって日々の食材を得ているのでしょうか。それにはいくつかのメニューがあります。

そのひとつは生協の宅配です。

これは実際に多くの人が利用していて、地域社会に広く深く浸透しています。生協の宅配は、確実に今の日本に欠かせないひとつのお買い物チャンネルとして確立しています。

ところが、とくに高齢者を中心に、満足してない現状があることも事実なのです。

私たちが歩く中で聞く声は、「注文がめんどう」「注文してから日数がかかる」「食べ物をカタログで選ぶのに違和感がある」「冷凍が多くて生鮮が少ない」「忘れて同じものばっかり頼んでしまい冷蔵庫に溜まっている」などです。これを消費者のわがままと言えばそれまでですが、やはり高齢者の方の身体的精神的事情を考えると、あながちそうとは言いきれません。

生協のほかに、近くに住んでいる子どもや親戚、近所の友人、知人などに、車で送迎してもらうという人も、そうとう多くいます。この「送迎方式」は、見守りやコミュニケーションといった観点からも、とても大切な意味があると思います。

しかし聞いてみると、本人は、やはりこれだけに頼るのは、少し心苦しいものがあるようです。いくら自身の子どもとは言っても、それぞれ仕事や家庭を持って忙しく生活をしている中で、日曜日ごとに買い物に連れて行ってもらうというのは、やはり気兼ねもあるし、実際に子どもの方も、都合の悪い時にムリをしている場合も多く、いつでも朗らかに、という訳でもないのが本当の所なのです。それと、やはり誰かのお世話になったら、それが身内とはいえ、何かお礼をしなければ、という心理的負担があるというのです。

介護ヘルパーさんに買い物を依頼する人もいますが、「何を買ってきてもらうか」をリストアップする段階でイメージが湧きにくく、いつも同じものを頼んでしまうという声や、思っていたものと違うものを買ってくることも多く、やはり自分の目で見て買えない、ということにもどかしさを感じている場合が多いようです。

タクシーで買い物に行く人も少なくありません。実際にスーパーの前で見ていたら、一時間に一台や二台はタクシーがやってきて、高齢者の方が降りてくるのを目にします。運転手さんが店の中にまで連れて行って、荷物を持ってあげていることもあります。

私が販売しているコースの中にも、とくし丸が来るようになるまで毎回、タクシーで行っていたという八〇代のおばあちゃんがいます。

エレベーターのついていない市営住宅の四階に、障害者の息子さんと暮らしているのですが、一番近いスーパーまでタクシー代往復二〇〇〇円、週に一回は行って買いだめをしていたそうです。重たい荷物を両手に持って四階まで登るのですが、「なんでこんな苦労をしなければいけないのか」といつも思っていたとのことでした。

それと、最近はスーパーが巨大化しているので、スーパーに辿り着いてからが、自分の欲しいものを探すのに一苦労なのです。広い店の中で、途中でくたびれて座り込んでいる高齢者の姿もよく見かけます。たいていの高齢者にとっては、いたずらに選択肢が多いよりも、ほどほどの広さの中から選べる方がずっと買い物がしやすいのです。他にも選択肢として、最近ではネットスーパーなどもありますが、たいていの高齢者はまだまだインターネットなどは使えません。

以上のような現実の中で、一番シンプルで分かりやすく、満足度も高いのが、「移動スーパー」なのです。ややこしい手続きなどなく、実際に見て買えるスーパーが週に二回、玄関先まで来てくれるのですから、これほど便利なお買い物手段は無いのです。

第二章　創業へ

補助金なしではムリ？

移動スーパー事業の創業を決意した私たちは、さっそく現状の関連事業のことを調べ始めました。

徳島県内でも、「移動スーパー」ではないけれども、魚や果物、野菜、パン、豆腐など、それぞれ単品だけを扱っている「移動販売車」はいくつかあることがわかりました。それぞれに、地域で欠かせないものになっているようです。

インターネットで検索してみると、全国にはすでに「移動スーパー」と名のつくものがいくつか見当たりました。北海道のコープや高知のスーパーなどが、もう何年も前からやっているようです。ただ、北海道は条件と規模が違いすぎるし、高知のスーパーは、行政からの補助金で継続させているとのことでした。

この間、いろんな事業者や学者さんなどと話をしましたが、誰もが「行政からの補助」を口にされます。確かにこの移動スーパーの最大の難関は収益性ですし、効率一辺倒でなく、それを求めるのは簡単ではありません。公的な意味の大きい分野を担うのだから補助金、と考えるのは当たり前なのだとは思います。食料の調達というのは、国民の生死にかかわる重要事項なので、ビジネスの範囲だけで考えるべきではありません。費用対効果を考えて、移動スーパーに補助金を出すのが合理的であれば、それは行政の責任として当然するべきです。

だけどそれは、政治・行政の分野です。民間の事業者は、たとえ「ソーシャル」ではあっても、やはり事業単体で持続していく仕組みを考えていくのが基本だと思います。

私たちは、できるだけ補助金には頼らないような仕組みができないかと考えていました。なぜなら、移動スーパーに限らずどんな分野でも、行政からの補助金というのは、それが出ているうちはいいのですが、緊縮財政のなかで、いったん途切れてしまえば、事業自体も簡単に立ち行かなくなってしまうからです。やはり「ビジネス」として持続させていく限りは、そのような安定性のないものに依存するのは健全ではないと思うのです。

ただ私たちも、県と「高齢者見守り協定」を結んだり、いろんな公的団体のビジネス賞の公募に応募したりして、行政にも協力を求めています。行政との協力関係は、自分たちの責任感も高まるし、お客様の安心感にもつながるからです。

それに、やはり過疎地のフォローなど、効率性だけでいうと切り捨てられてしまう部分には、現状では、行政の財政支援が必要だとは思います。実際に今は、事業存続のための補助金を必要としている単体の行商の方々が多くいることも事実ですし、そこは行政が責任を持って補助するべきでしょう。

私の結論を言うと、行政のお金は文字どおりの「助成金」でいいと思います。立ち上げるための一押しです。立ち上がって以降の補助金は、もらってもいいと思いますが、「それに頼る」とか

「それなしには続かない」という状況を作るべきではないし、現状がそうであれば、少しでも早くそこを脱却しなければならないと思います。

「あいきょう」との出会い

インターネットで調べる中で目についたのが、鳥取県の大山の麓にあるスーパー「あいきょう」です。「あいきょう」では、山間の集落に数台の移動スーパーを走らせているのですが、テレビの特集番組に取り上げられたり、いろんな大学が調査に入ったりして、移動スーパーの世界では、とりわけ注目を集めているようでした。

ネットを見ると、私たちのイメージする軽トラックの移動スーパーもあるようです。さっそく電話番号を調べて電話をしてみると、視察を快く受けてくれました。

徳島から「あいきょう」のある鳥取県江府郡江尾町までは意外に近く、高速道路を通って四時間弱ぐらいでした。

江尾町は、大山を目指す人たちのベース基地になっているのでしょうか、何軒かの旅館があり、静かな坂の佇まいと、徳島ではあまり見かけない茶色い屋根瓦がめずらしく、とても落ち着いた風情のある所でした。

そんな山間の小さな町の中心に、スーパー「あいきょう」がありました。

社長の安達享司さんは年の頃は五〇代、とても落ち着いた話しぶりと笑顔で、社会事業家のオーラを感じさせ、自然と頭の下がるような人です。

「あいきょう」の前身は生協スーパーでしたが、ある時、その店を閉めることになりました。それでは町に食料品店を調達する店が無くなってしまうということで、何人かの職員さんが安達さんに働きかけ、有限会社安達商事として継続させたのです。

「あいきょう」では、五台（二〇一二年時点）の移動スーパーが走っていますが、山間の坂の町で高齢化率は高く、店に来られるお客さんは限られているので、この移動スーパーのおかげで店の収支が保たれているとのことでした。

安達さんの話で感じられたのは、心から町民の食糧調達のこと、そして健康のことを考えられている、ということです。

「あいきょう」の仕事は、ただ食品を売りに行く、ということにとどまりません。例えば、町の病院の看護婦さんに同乗してもらって、お客さんの血圧を測ってあげたり、将来的プランとしては、お客さんが庭の小さな畑で作っている野菜を逆に買ってあげたりしたい、というのです。

あらためて恰好をつけなくても、安達さんは、天然のソーシャルビジネスマンのような人だったのです。じっくりと話を聞かせてもらった私たちは、勝手にこの安達さんを「心の師匠にしよう」と決めたのでした。

翌日は、朝から実際に、移動スーパーに同乗させてもらいました。

山間の静かな町に、移動スーパーのスピーカーから音楽が流れると、おばあちゃんたちがあちこちの家から集まってきます。そして、販売員さんとの自然な会話の中から、その日のご飯のメニューを決め、食材を買い求めていきます。

車が立ち去った後も、お客さん同士、道端で会話が弾んでいるようです。「あいきょう」の移動スーパーは、販売だけでなく、お買い物を通して町のコミュニケーションの場を作っていたのです。というか、そもそも商売というのは、こういうものだったような気がします。

私の生まれ育った家も、町の小さな文具屋兼雑貨屋兼駄菓子屋で、近所からは単に「店」と言われるような商売をしていました。私の小さな頃から、いつもうちの店には近所の誰かが来て、おしゃべりをしていたのを思い出します。学校のナイターの鍵を預かっていたりもして、町のコミュニティセンターとしての機能がありました。

今のような、商売は商売として地域社会から切り離されたものではなく、「商売と社会」がもっと自然に、密接につながっていたのだと思います。そう考えると、何だか片意地をはって「ソーシャル」とは言ってみても、それは今の世の中の商売が、あまりにもソーシャルでなくなってしまったことの裏返しなのかもしれません。

「あいきょう」での体験は、私たちの出発点になりました。

もちろんそのまま真似をしても通じるものではありません。江府郡と徳島では地理的・地形的な条件は違いますし、人口構造や商業環境も全く違います。そもそも私たちは、自分たちがスーパーを経営しているわけではないので、商品の供給や、従事する人の形態も真似はできません。とはいえ、実際の現場を見てみるのは、教室で学ぶのと比べると、百倍も得るものがありました。

例えば、どんな車両を使っているのか。一言で軽トラックの移動販売車と言ってみても、実際の仕事で重要なのはその「ディテール」(細部)です。どのような架装《かそう》(トラック後部の改造)で、どのような棚や冷蔵庫を使っているのか。冷蔵庫の扉のサイズは何センチあれば見やすいのか、野菜を乗せる棚の曲げ方はどうなのか、どのように商品を店から車まで運ぶのかなど、無限にある細かいことは、とてもアタマの中だけでシミュレーションできるものではありませんので、「見て気づく」ことに勝る学習はないのです。

その学んだことを、今度は自分たちの仕事に応用するのですが、最初からうまくはいきません。試行錯誤を繰り返します。それが結果的に「ノウハウ」と言われるものになっていくのです。そのノウハウの差が、結局ビジネスとして成り立っていくかどうかの大きなポイントのような気がします。

地元スーパーと組む発想

「あいきょう」を視察して、一番に考えさせられた課題は、商品供給と売れ残りロスの問題でした。移動スーパーはとても便利ですが、朝、仕入れたものを一日売り歩き、最後の方は商品が薄くなって、いかにも売れ残り……というイメージがあります。

たしかに「仕入れ」という方法でいけば、そうなるのは必至です。鮮魚などの売れ残りは翌日には売れませんので、自家消費するか廃棄するしかありません。かといって、売れ残りをおそれて少ししか仕入れなければ、一日の終わりには商品は冷蔵庫に魚一切れ、なんていう風になりかねませんし、そんな状態でお客さんの所に行っても、満足してもらえるはずがありません。

そこを「あいきょう」は、ルート上にある自店に立ち寄って、薄くなった商品を補給し、最後のお客さんまで、たっぷりと商品が載っているという状態をキープしていました。そして売れ残った商品は、店に持ち帰って半額などに値引きして売りきってしまうのです。

聞いてしまえば何ということのない当たり前のやり方かもしれませんが、ここが、やはりこのビジネスのひとつのポイントです。基本的に、お客さんが大きな不満を感じる商売が繁盛するはずがありませんし、かといって、売れ残りのリスクを「商売にはつきものだ」と安易に引き受けてしまえば、自分たちの首を絞めるのは目に見えています。

しかし私たちは、独自のスーパーを持っているわけではありませんので、「あいきょう」のようなスタイルを真似することはできません。ふつうに考えればやはり「仕入れ」ということになるでしょう。実際に全国の移動スーパーを調べても、「仕入れ」以外の方法でやっているところは見当たりませんでした。これこそが「移動スーパーでは儲からない」という通説の根拠だったのです。

この頃、誰にでもよく移動スーパーのプランを話してみましたが、みんな口をそろえて「それはいいアイデアだ、これから求められる仕事だ、だけど儲けが無いから成り立たないよ」という反応でした。後に販売を始めてからも、よく通行人のオジサンなどに話しかけられて、「これは良いアイデアだけど、儲からないだろう」と言われました。

なぜ、みんなそういうことを言うのかというと、やはり単純に、「売れ残りがあるから儲からない」、という予測だったのです。

私たちも正直に言って、移動スーパーが求められている、という市場への期待だけに盛り上がってしまい、「あいきょう」に出会うまでは、売れ残りロスについての明確な問題意識は持っていなかったのでした。

ここで、もし自分たちが一台だけ移動スーパーをする、というのであれば、ロス率を考えて、それが受け入れられるものかどうか、という方向へ思考が進むのですが、私たちの発想は、移動スーパーのネットワークを作っていこうというプランでした。徳島県内のみならず、全国に移動スーパーを走らせて、買い物難民を無くそう、という考えなのです。なので、それぞれの移動スーパーがロスを引き受ける、というのでは、おそらく無理が出てくるでしょう。やはりロスのことは安易に考えるわけにはいきません。

問題を解決するヒントは、やはり「あいきょう」にありました。「あいきょう」では、売れ残りを店で割引などにして売り切っていましたが、私たちもそうすればいい、と考えたのです。

しかし店を持たない私たちが、どうやって同じことができるでしょうか。

自分たちに店が無いなら、今すでにある店と組めばいい、と閃いたのです。

既存のスーパーと組めば、「あいきょう」と同じようにロスを処理することができます。

さらに私たちは、それまで常識と思っていた「仕入れ」ではなく、提携したスーパーの商品を「委託で売る」という方法を考えたのです。

よく考えてみると、ロスと同じく、仕入れに関しても無理はあったのです。「あいきょう」で学んだのは、やはり商品が充実しているから、お客さんに満足してもらっているということでした。鮮魚や青果やパンといった単品でなく、充実したミニスーパーだからこそ、買い物に困っている人たちのニーズに、応えることができているのです。

何もかもを、朝のうちに仕入れで揃える、ということ自体に無理があります。野菜や果物だけ、魚だけ、パンだけ、というなら可能でしょう。しかし朝のうちに何もかも仕入れる、というのはハッキリ言って不可能です。そういう問題点を一石二鳥で解決するのが、「既存のスーパーと組む」という発想なのです。

ここで、「商売の基本は仕入れとロスのセット」という常識にしばられていては、私たちのアイデアは「ボツ」です。

私たちの考え方は、業界の人からすれば非常識かもしれませんが、ブレイクスルーというのは、まさに常識を破るところから出てくるのだと思います。もちろんご想像のように、ではそれで肝心の「儲け」は確保できるのか、など、まだ次々と問題点は出てくるのですが、とにもかくにも、仕入れとロスの問題点を切り抜けるための、仮のモデルだけは、私たちのアタマに浮かび上がってきたのでした。

とくし丸の三つの基本理念

ここで、創業の奮闘記をしばし離れて、とくし丸の基本的なビジネスモデルについてお話しをしておきたいと思います。

まず、とくし丸には、三つの基本理念があります。起業の目的＝ミッションと言ってもいいかもしれません。

その第一は、「命を守る」ということ。これは他でもない、買い物に困っている人に食料品や日用品を届けるという意味です。「生きていく」という言葉はよく、「食べていく」という言葉に置き換えられるように、食は人間が生きていく上での一番の基本です。その食材を手に入れるのが困難な人たちに、安心を届けるのが私たちの一番のミッションなのです。このミッションから自ずと「見守り」や「コミュニティの復活」などが派生してきます。

第二の理念は、「食を守る」ということ。食環境を守る、といったほうが分かりやすいかもしれません。これは具体的には、地域資本のスーパーの応援をする、ということです。

今、全国区の、あるいはグローバルな巨大資本によって、次々とメガディスカウントストアが地方の小さな都市にまで外来種の植物のように進出しています。このブルドーザーのような出店に、地元の昔からあるスーパーや食料品店はひとたまりもなく押し潰されてしまうのです。これが「買い物難民問題」を引き起こしている最大の原因です。

そこで私たちは、地域に密着した地元資本のスーパーが少しでも元気を出せるように、売上げに貢献しようというのです。

第三は、「職をつくる」ということです。私たちのビジネスモデルの要は、「販売パートナー」と呼ばれる、移動スーパーのオーナー経営者なのですが、社会貢献の意識が高く、独立した仕事を志望される方の「仕事づくり」をサポートしようということです。

私自身も実感しましたが、今、自分がやりたいと思うような仕事はなかなかありません。もちろん職探しは昔から甘くはありませんが、今ほどではありませんでした。そんな世知辛い世の中で、社会貢献という大きなやりがいのある独立事業を、スムーズにスタートさせることができる仕組みを作っていこうということです。

これら三点がとくし丸の基本理念です。そしてそれを具体化するために三本の柱があります。まずは「販売パートナー」と言われる独立事業者、次に「地域スーパー」、そして私たちが担う「とくし丸本部」です。

それぞれの役割とメリット、リスクについてお話ししていきましょう。

個人事業としてのソーシャルビジネス

まず販売パートナーですが、これがこの移動スーパーの表舞台の主役であるドライバー兼販売員です。販売パートナーは、本部やスーパーの雇用ではなく、それぞれが販売車両のオーナーであり独立事業者です。販売パートナーは、とくし丸の軽トラックを購入し、自らの希望するエリアを決定して、個人事業として販売活動をします。

この販売パートナーが、「職をつくる」という理念と対応してくるのですが、今の世の中、本当に職探しがキツイ状況になっています。私自身もハローワークに通いましたが、なかなかやってみたい仕事は見つかりません。

私が悔しく思うのは、今、失業している人たちに対して、「選ばなければ仕事はあるのに、わがままだから見つからない」といった心無い言葉です。たしかに昔のイメージでは、無職イコール怠惰、といったことがあったかもしれませんが、今の失業者は、たいていがまじめに働いて、手に技術を持っているか、それなりのキャリアを築いてきた人たちです。それが、グローバルな市場至上主義の圧力で「合理化」というリストラが進み、職場を失った、というのがほとんどのパターンなのです。

自分の持っているものを生かしたい、というのは人間の基本的感情です。それを「わがまま」の一言で片づけてしまうのは、この市場主義の流れに棹さす傲慢な見方だと私は思います。

とくし丸の販売パートナーは、そんな現代社会の中で、儲け一辺倒ではない、社会貢献というやりがいを目的とした「個人ソーシャルビジネス」なのです。個人個人の、それまで培ってきた「人間力」が、生産性や効率一辺倒でなく生かされる仕事だと思います。

ただ、何もかもを一人でやっていくのはたいへんです。そこを地域スーパーや、本部とのチームワークでカバーしていこうという訳です。

実際に創業から二年、販売パートナーを申し出てくれたのは、単なる個人事業の開業というだけでなく、「社会貢献を仕事にしたい」と考えている人たちでした。もちろん本部の方も、そういう志に共感できる人に限って、ともに仕事創りに取り組んできたのです。

この販売パートナーは、自営という自由な立場ですが、その仕事の責任は大きいものがあります。お客様にとって、私たちの移動スーパーは時には命綱ですらあります。なので、気まぐれに休んだりして心配と迷惑をかけるわけにはいきません。

また、売上げに応じた収入なので、まあ何の仕事でもそうですが、とりわけ身体が資本です。安全運転第一ですので、体調管理にも気を使わなければなりません。

そして、これはかなり忙しい仕事です。朝早くから商品を積み込んで出発し、できるだけ効率よく、一人でも多くお客さんの所を回らなければなりません。けっしてお気楽な仕事ではないのです。

それでもやはり日々、人と接して、お互いに敬意をもって「ありがとう」と言い合えるような仕事は、今の時代なかなかありませんし、私たちは確信を持って、これは「いい仕事である」と言えます。

もちろん何の仕事でも、ルーティン（日常）になれば、いつもフレッシュな気持ちでいるのは難しいものです。やはり日々の小さな工夫の積み重ねが、仕事に飽きさせない深みを作っていくのだと思います。

地域スーパーの「攻める戦略」

販売パートナーの営業活動を支え、この事業の母体となるのが「地域スーパー」です。地域スーパーの担う主な役割は、商品の供給と、ロスの引き受けです。他にも、スーパーのチラシやホームページを利用して、とくし丸の宣伝をしてもらいます。

私たちの言う地域スーパーとは、「地元資本」のスーパーという意味です。

もちろん「全国資本」や「グローバル資本」のスーパーではあっても、地域の食を支えていることは事実なのですが、社会構造的には、それが原因で近所の小さなスーパーや食料品店が廃業を余儀なくされているのです。私たちはその大きなブルドーザーのような流れに対し、現実的に地域スーパーの日々の売り上げに貢献して、「つぶされないようにする」ための応援団でありたいのです。

今、グローバル経済に対して、地域経済やコミュニティ経済などという言葉が言われていますが、私たちも、持続可能なローカル経済づくりの一翼を担いたいと思っています。

グローバル経済の行き着く先の風景が、フードデザート（食の砂漠）です。私たちは、自分たちの地元が砂漠化することのないよう、移動スーパーという小さな種をまき、コミュニケーションという水をやって、ささやかながら「オアシス」を作っていきたいのです。

今、地域スーパーは、たいていが経営に苦戦しています。その一番大きな理由は、ご想像の通り「値引き競争」です。これは、はっきり言って創意工夫の余地のない、弱肉強食の競争です。つまり、大きな仕入れのあるところには、メーカーは安く卸すことができますし、少ししか仕入れないところに対しては高くなります。お店に並ぶ商品の安い高いは、この仕入れ価格で決定的に差がつきます。ここに人間的なものが入り込む余地はありません。「昔からの付き合いだから」とか「地域に対していい仕事をしているから」とか、「志が高いから」といった精神的な側面は、「市場至上主義」が蔓延《はびこ》った現在の経済取引の中では、完全に排除されてしまいます。利益やコストといった数字が全てなのです。

そんな状況の中で、果たして小さなとくし丸が何かの役に立つのでしょうか。否、私たちは、革命的といっていいほど「役に立つ」と考えているのです。

スーパーや食料品店は「待ち」の商売です。店を構えてお客様が来るのを待つのが基本的なスタイルです。しかし、私たちが問題にする買い物難民と言われる人たちは、いくら待っていても、スーパーまで来ることがそもそも難しいのですから、どうしようもありません。そして、待つということは、お客様の選択にお任せですから、自ずと安い方へと流れていくのは時間の問題なのです。

そんな「待ちの商売」に対して今、求められているのが「攻めの商売」への転換です。待っているだけでなく、こちらからお客様に積極的に働きかける姿勢です。

しかし、どうすればそれが可能になるでしょうか。チラシなどの広告でしょうか。いやそれではより安い方に負けてしまいます。インターネットで注文されたものを配達する「ネットスーパー」でしょうか。それは先にも触れたように、まだまだ高齢者の中にはインターネットを日常的に使う人は少ないのが現状です。

そう考えてくると、やはり古くて新しい私たちのスタイルである「移動スーパー」こそが、「攻めの商売」として、もっともシンプルで現実的なチャンネルなのです。

そんな移動スーパーを、固定店舗を基地にして走らせ、スーパーに来られない人を風上でキャッチすることによって、これまで漏らしてきた売上げを確保していこうということです。

地域スーパーにとってこのビジネスモデルが画期的なのは、まず始めるためのイニシャルコストがほとんどいらない、という点です。車両は販売パートナーさんの持ち込みですから、スーパーのコストは商品を準備するお手伝いの人件費とロスだけです。そのロスも、車が夕方五時には店に帰ってくるので、ほとんどが店頭で値引き処分ができます。なので、最終的な廃棄ロスはごくわずかなのです。

また最近、企業にはＣＳＲ（コーポレート・ソーシャル・レスポンシビリティの略）が求められています。ＣＳＲとは「企業の社会的責任」と訳されますが、要するに、ある程度の企業になれば、社会に与える公的な影響が大きくなるので、そこには利益追求のみでない社会的役割と説明責任が求められるというわけです。

私はこれを、負担を感じる「義務」と捉えるのではなくて、逆に「ビジネスチャンス」と考えられる時代だと思います。

ましてやスーパーのような、地域の生活と密着している企業は、目に見える形で社会貢献をすることによって、地域の消費者の信頼を勝ち得ることになると思いますし、それこそが、グローバル資本との差別化になると思います。

とくし丸は、買い物支援という社会貢献を通して、お客様の名前も顔も、場合によっては家庭の事情まで知り尽くした人間関係を日々、作っていきます。

今、ツイッターやフェイスブックのようなソーシャルネットワークの中では、疑似的な人間関係がどんどん膨れ上がっていますが、それはどこか血の通わない、いわば「ごあいさつ」程度の人間関係かもしれません。一方とくし丸のネットワークは、週に二回もお客様と顔を合わせる、ひょっとすると別に暮らす子どもや親戚以上に頻繁な、濃い人間関係です。

そんな濃い人間関係をどんどんと拡げ、スーパーとつなげていくのですから、今の「十円安い」というだけでフワフワと離れてしまうお客様に対して、積極的にこちらから働きかけるための、強力なチャンネルを得ることができるのです。

これはまさにＣＳＲと売上げアップの一石二鳥ですし、進出だけが目的の巨大チェーン店には真似のできないきめ細かい動き方だと思います。

そして地元資本のスーパーの経営状態が持続可能になることが、買い物難民問題の解消につながっていくのですから、みんながＷＩＮ‐ＷＩＮ（敗者のないハッピーな関係性）になれるのです。

本部はプロデュース機能

以上のような、販売パートナーと地域スーパーの関係をプロデュースするのが、我々のとくし丸本部です。とくし丸本部では、販売パートナーの人材募集から始まって、拠点スーパーとのオペレーション作り、研修、そして一番大切な地域のお客様探しとルートづくり、軌道に乗るまでの同乗指導を担います。他にも販売車両の質の向上や売上げ手法の相談や指導、全体のプロモーションまで幅広く事業全体のプロデュースをします。

このとくし丸本部の存在によって、販売パートナーは、日々の販売に集中して取り組むことができるのです。

お客様が落ちてきたら、本部ではすぐにエリアを歩いて新規開拓に取り組みますし、車両や販売上の問題があれば即対応をします。オペレーションや商品に関する要望など、できる限り販売パートナーやスーパーの要望に応えるべく対応するのがとくし丸本部なのです。

移動スーパーは、個人で開業しようと思っても、仕入れやロスのリスク、お客様の開発などで無理があります。スーパーは、車両購入の投資リスクと地域のお客様開拓のノウハウに無理があります。それぞれの「無理」の部分を、互いのメリットでカバーしながら間に立って成り立たせていくのが、とくし丸本部の役割です。

以上の三者が、三位一体となって買い物難民問題を解決していくのが、全国初の、とくし丸のソーシャルビジネスモデルなのです。

儲けを確保するプラス一〇円ルール

さて、この三位一体のビジネスモデルまでは良いのですが、では果たしてこの三者が「利益を出す」ことは可能なのでしょうか。そこが一番大切なところです。大儲けにはならなくても、そこそこの稼ぎが無ければ持続していくことができません。事業にとって一番大切なのは持続できるということです。大企業などはそのためにリストラをしたりしますが、我々の仕事は人間が主役ですから、人間を切り捨てて儲けをとる、という発想はありません。

儲けはどこから得るかと言えば、当然「売上げ」からです。我々は、売上げからの粗利を、販売パートナー、スーパー、とくし丸本部でシェアするという方式をとりました。しかし、実際に販売を開始してみると、なかなか十分な利益が確保できません。ギリギリ辛抱できるかどうか、といったところです。

そこで住友さんが、画期的なアイデアを考え出しました。名付けて「プラス一〇円ルール」です。商品の価格にすべて一〇円を上乗せさせてもらおう、というアイデアです。そしてその一〇円を五円ずつ、とくし丸本部と販売パートナーの利益にするという仕組みです。

これだと、だいたい一日に商品が三〇〇〜四〇〇点程度は売れますので、両者とも一日一五〇〇円〜二〇〇〇円近い収入のアップになります。これを月単位で考えると三〜四万円になり、ガソリン代をカバーできるほどの金額になります。

この「プラス一〇円ルール」を考え出したおかげで、事業を持続可能にできる収支がキープできるようになりました。今、販売パートナーさんの販売手数料は、月四〇万円に迫ろうとしています。いろんな経費を差し引いても三〇万円程度の確保が可能になってきました。それでも充分とは言えないかもしれませんが、私たちはこれからのアイデア次第で、まだまだ伸ばしていくことが可能だと思っています。

私は当初、住友さんがプラス一〇円ルールを言い出した時には、反対とまではいかなくとも大きな懸念を感じました。ただでさえ巨大ディスカウントチェーンが、一円でも安くと、攻勢をかけてきているのに、とくし丸では一〇円高いということで、お客さんから見放されるのではないかと心配したのです。

しかし考えてみると、コンビニではふつうのスーパーより数十円高いことが珍しくありません。それでもお客さんが途絶えることはありませんし、毎年のように過去最高の収益などと報道されています。

これは、「一円でも安いものを求めるチャンネル」と「便利さとスピードを求めるチャンネル」が違っているからだと思います。まったく同じ商品でも、シーンや状況によって、高いと感じたり、何も感じなかったりするのです。

住友さんは、同じように、移動スーパーの便利さと付加価値を考えると、スーパーより一〇円高くても、まだコンビニに比べると同じか少々安い程度なので、お客様は認めてくれるのではないか、というのです。

このプラス一〇円ルールは、いざ始めてみると私の懸念は外れ、意外なくらいすんなりと受け入れられました。お客さんがこのルールを知らなかったわけではありません。私たちは開拓で歩くときにも、プラス一〇円ルールのことはちゃんと説明をしますし、すべてのお客さんに配る『とくし丸通信』にもしっかりと書いています。お客さんは、これを知ったうえで協力してくれているのです。中には「(プラス一〇円ルールは)あたりまえ」と言ってくれるお客さんもいます。

住友さんはこれを「受益者負担」と言います。このやや上から目線の言い方が正しいかどうかは分かりませんが、私は今から思うと、このプラス一〇円ルールこそが、このビジネスのソーシャル足る重要部分のような気がします。これは、事業者が一方的に商品やサービスを提供し、消費者は受け身で判断するだけという一般的な商売ではなく、事業者と利用者が「協力して成り立たせている社会事業」なのです。

スーパー、販売パートナー、本部という三者協力の上に、さらに消費者という協力者を加えることによって、初めて持続可能な「とくし丸モデル」が成立したのです。

車をどうするか

さて、創業の頃の話しに戻りましょう。

買い物難民対策の移動スーパーネットワーク事業を構想した私たちは、鳥取のスーパー「あいきょう」の安達社長と出会い、基本となるビジネスモデルの骨格を固めました。次は、いよいよ具体的に、このビジネスモデルを現実社会の中に形作っていくのです。「アイデア」が「リアルな仕事」になっていく段階です。

この仕事の表舞台に立つのは販売パートナーさんですが、そのステージとなるのが移動スーパーの車両です。どのような車にするのかが、売上げやオペレーション（仕事の流れ）の大切な要素となります。これは、いわばノウハウの塊ですから、自分たちのアタマで考えても、イメージだけで具体的なディテールは思い浮かびません。そこで、私たちはやはり「あいきょう」で使っていた軽トラックを参考にしました。

軽トラック後部の貨物部分を架装するのですが、基本は「冷蔵庫」と「棚」です。使いやすくて機能性の高い冷蔵庫の設置と、商品をうまく並べることができて、見やすく手に取りやすい棚の設置です。これをどれくらいの間隔で何枚、どのように折り曲げて使うといいのか、レジや照明用のインバーターは、どれくらいの容量で、どこに取り付けると雨に当たらずに使いやすいのかなど、考えるべき要素は無数にあります。

これはプロにお任せするしかありません。そこで、インターネットで全国の業者を調べて、見積もりをとってみたのですが、だいたい三百数十万円はかかるという回答でした。私たちは、一台の開業までの総額が三〇〇万に収まることを想定していましたので、これでは最初から予算オーバーです。

さらにいろいろと調べ、メールで問合せをしていく中で出会ったのが、石川県にある「シブヤコーポレーション」でした。シブヤコーポレーションからの回答は、車の金額は三〇〇万円以内でできる、まずは徳島まで説明に行きたい、という積極的な内容でした。

もちろん「安かろう悪かろう」では困りますが、何といっても、これから仕事を展開していく上での重要なパートナーになるわけですから、まずは前向きで意欲的なところでないと困ります。

会いたい旨を伝えると、さっそく社長の澁谷武彦さんが徳島までやってきました。そして我々のビジネスモデルを話すと、大きな共感を寄せてくれ、最初は赤字覚悟でもぜひやってみたいと申し出てくれたのです。そして、私たちの「とくし丸第一号」は、このシブヤコーポレーションで作ってもらうことに決まりました。

さらに地元徳島でも、日々のトラブル対応として、「マーキュリー」という福祉車両改造の会社が協力してくれることになりました。マーキュリーは素晴らしいプロ集団で、現場のトラブルに対して機転をきかした即時対応をしてくれるので、今では我々にとって無くてはならない存在になっています。

協力スーパーあらわる

次の課題は、この事業の成否を握っている三本柱のひとつである地域スーパーです。私たちは、徳島県内の地元資本のスーパーをあちこちと訪ね歩きました。過疎地の町で唯一のショッピングセンターや、小さなパパママストアーまで、何店も訪問をして現状を聞き、ニーズをさぐりました。

そんな中で見えてきたのは想像通りの実情でした。地域スーパーでは近年、とくに地方に行くほど、目に見えてお客様が減っているというのです。その理由は複合的で、そもそも人口自体が減少していることに加え、地域に住んでいる人も、職場が町外なので、仕事帰りに買い物を済ませるなどして、地元で買い物をしなくなっているとのこと。

生活が地域圏内の高齢者でも、休日などに、少しでも安いディスカウントスーパーを目指して子どもに車で送ってもらったりしているのです。一〇円安いものを買うために、何百円もガソリンを使っていることには気がついているのでしょうか……。

そんな客数減少の傾向がここ数年、もしくは一〇年以上続いているというのが、ほとんどの地域スーパーの現状だったのです。ましてや小さな食料品店などは、儲けは無いけれど、「店を閉めたら困る人がいるから」という理由で、ほとんどボランティアのように続けているところが少なくないのです。

買い物難民の存在については、出会ったスーパー経営者全員が「こちらから出向いていく必要性」を考えられていましたが、現実に動き出すには、投資をする余裕はないし、どうやったらいいかわからない、というのが実情でした。

そんな地域スーパー行脚の中で私たちが出会ったのが、「ファミリー両国」という、徳島県内で数店の出店をしている地元資本のスーパーでした。

ファミリー両国は、鮮魚や果物などでとりわけ評判がよく、地域スーパーの草分け的存在でした。社長にアポイントを取って、とくし丸モデルの説明をしたところ、ぜひやってみたい、協力は惜しまない、との二つ返事をいただくことができたのです。その後、ファミリー両国には、おんぶに抱っこのご協力で、とくし丸の立ち上げを支えていただくことになりました。

車両製作にしても地域スーパーにしても、後から考えればこれ以上ないベストな出会いで、私たちはとても運が良かったと思います。

お客様を探して歩く

さて、地域スーパーが決まり、車両の発注ができたところで、次は肝心のお客様探しです。私たちのビジネスプランは、できるだけ狭いエリアで一台分のお客様を見つけ、台数を増やすことを目指していましたから、販売を開始してから悠長に一軒ずつ訪ねて回るわけにはいきません。スタート時にはきちっと販売ルートを決めておきたかったのです。

販売エリアの設定は、私が住んでいる地域を中心に円を拡げていくことにしました。それまで地域の市議会議員をやっていた私が、いきなり移動スーパーで音楽をかけて回り始めるのは、少々恥ずかしい気持ちもあったのですが、買い物に困っているという現状をたくさん耳にしていたのと、知り合いが多いので、受け入れてもらいやすいだろうと考えたのです。

そこで私は、まずは地域のコミュニティの世話人と町内会長をリストアップして、あいさつ回りをすることから始めました。私が移動スーパーの話をすると、みんなまずはびっくりされましたが、その後には口をそろえて「これから必要な仕事だ。良いことをやってくれる」という反応でした。そして中には、町内の回覧板で回すからチラシを作ってもってきたらいい、と言ってくれる町内会長さんや、買い物に困っていると思われる高齢者をリストアップしてくれる人も現れました。

そして、住宅地図をコピーし、昔からの友人たちにも協力をお願いして、一軒一軒訪ねて歩き始めたのです。住宅地図に載っているお家を、一軒ずつ玄関で呼び鈴を押し、一人一人丁寧に話をして回るという、地道といえばこれ以上ないくらい地道な活動なのですが、結局これに勝るやり方はないということが、後になってわかってきました。

これは時間と労力のいる仕事ですので大変ですし、ビジネスなので当然、もっと効率のいいやり方はないかと模索はしたのです。住友さんは「もっとバサッと一気に見つける方法はないか」というのが口癖になっていたほどです。

私は、地域のコミュニティセンターに行って相談をしたり、社会福祉協議会に行って、高齢者や民生委員さんのリストをもらえないかと、かけあったりしましたが、個人情報の関係で教えてもらえませんでした。地域の生活相談役である民生委員さんのリストまで教えてくれない、というのは奇妙な感じもしますが、現実はなかなか民生委員を引き受けてくれる人がいない中、できるだけ立場を保護するという説明で、納得せざるを得ませんでした。

しかし、あれこれと試してみる中で分かってきたのは、結局、単に「高齢である」とか「単身である」などという客観的な情報のリストをいくらもらったところで、少々ヒット率は高くなるかもしれませんが、地域を漏れなくカバーしていく密度の濃い顧客開拓には、効率性の面からも、思っているほどには役に立たないということです。

人にはそれぞれの環境や事情があります。地域性や家族構成、そして「性格」や「好み」といった情報はデータベース化されていません。そこに入っていくには、フェイストゥフェイス＝一対一の人間関係しかありません。なので、結局、効率性から言っても、一軒ずつ直接訪ねるのが一番いい方法だということがわかったのです。

この法則がわかってからは、住友さんの「バサッと……」の口癖は無くなったのですが、しかしこのとても単純な、誰にでも思いつくやり方が「正しい」と、揺るぎない信念に達するまでには、ねばりと試行錯誤が必要ですし、こんなことが案外、事業を成功させるためのノウハウなのかもしれません。今では、お客さん探しの一番効率的な方法は？　と聞かれたら、「一軒ずつ歩くこと」と躊躇なく答えることができます。

私たちは、開業に向けて二台の車を発注していましたので、開拓すべきコースは二台分です。回るのは一台につき三コースですので全部で六コース。一台三コースというのは、やはり「あいきょう」に習った方法でした。あいきょうの安達社長もいろいろと試したそうですが、最終的にお客様の所には週に二回というのが、一番求められる回数であり、売上げ面から言っても効率のいい設定だというのです。同じお客さんに対して、「月木」「火金」「水土」といったローテーションで三コースです。

それはつまり、例えば週に一回だけだと、生鮮などは買い溜めをして魚や肉は冷凍、ということになるのでお客さんには不満が残りますし、他の買い物チャンネルを求めるようになるので、売上げに取りこぼしが出てきます。また、週三回では頻繁すぎて買うものが無いので、これまた売り上げは落ちます。やはり食料品の買い物は週に二回ぐらいがちょうどいい、ということになります。

しかしこれも、二年近くたって分かったことですが、中には週に一回ぐらいのほうが都合のいいお客さんもいます。生協や弁当、食材配達をとっていたり、日曜日は子どもさんに連れて行ってもらうのを楽しみにしているなどの理由です。そういう場合は、曜日によって、他の週一のお客さんとうまく時間帯を組み合わせるなどして調整をします。

まあそれでも、一〇〇％お客さんの都合には合わせられないことはあります。そんな時には、申し訳ないとは思いつつも、やはりこちらの効率を優先させてもらいます。なによりも、事業を持続させていくことが、結果的には買い物難民問題を解消することにつながっていくのですから、時には厳しい判断も必要になってくるのです。

さて、では一コースにつき何人のお客さんが必要かと言えば、だいたい五〇人が目安です。朝、お店を出発してから帰るまでに、最大に効率を高めても、停車できるのは三〇～四〇カ所ぐらいです。中には高齢者施設や、何人かが集まってくれているポイントもありますので、お客様の総数は五〇名ほどになるのです。

しかし、これは営業をし始めてからわかってきたことで、開業前の準備段階では、一台二〇〇人、だいたい一コース七〇人ぐらいのお客さんを探そうということになりました。そしてボランティアの友人たちとともに、住宅地図でローラー作戦を開始したのです。

私は市議会議員時代に選挙活動をしていましたので、知らない家を一軒ずつピンポンしながら訪ね歩いていく、ということには慣れていましたが、初めての人はかなり勇気のいるものです。

中には夜勤で昼間寝ている人や、普段から虫の居所の悪い人もいますので、きつい対応をされることもあります。さすがの私でも、そんな時にはヘコみそうになります。が、それでも足を一歩ずつ、とにかく前へ動かして次の一軒へと進んでいけば、そのうちに必ず「待ってくれていたような人」と出会うことができます。そのうれしそうな笑顔と出会えた途端に、ヘコんだことは一瞬で吹き飛んで、また楽しい気分になるのです。

そういう二重丸の人は、私たちが玄関先で趣旨を言うと、パッと明るい顔になって身を乗り出してきます。スーパーまで遠くて車には乗れない、連れて行ってくれる人が近くにいない、といった、それまで買い物に困っていた人たちです。こういう人に出会う度に、この仕事のやりがいをリアルに感じることができます。

つくづく思うのですが、喜びは苦労と裏表、ワンセットなのです。苦労があるから喜びがあるということを、身を持ってわからせてくれるのがこの「開拓歩き」です。なぜ神さまは喜びだけを与えてくれないのか、文句を言いたくなることもありますが、どうもこの「苦労↓喜び」のワンセットは、いかんともしがたい人類不変の法則のようです。

この当初の開拓歩き、季節は冬ですので、時には小雪のまじる寒風の中、ボランティアの友人たちには本当にお世話になりましたが、何とか二台分のルートが出来上がりました。

開拓歩きについては、いくつかのテクニックや、歩きの中から見えてきたことなど、お伝えしたいことがたくさんありますので、後の章であらためてお話ししたいと思います。

いよいよ開業へ

二台の販売車両が完成し、提携する地域スーパーが決まり、販売ルートも出来上がったところで、いよいよ本格的な開業を待つのみとなりました。

そして二〇一二年一月、とくし丸は株式会社として立ち上がりました。住友さんが社長、私がたった一人の社員です。

よくソーシャルビジネスを立ち上げるときに、株式会社がいいのか、ＮＰＯのような非営利組織がいいのかと聞かれることがありますが、それには一長一短があると思います。それぞれのメリットは、株式会社であれば、例えば資金調達や商取引の時には、相手方も戸惑うことなく、いつものプロセスで接してくれるかもしれませんが、ＮＰＯだと、どこかボランティアのイメージがあって、気持ちは理解してくれても、正式な取引は手間取るかもしれません。また、会社間の取引に限らず、お客さんに対しても、個人よりは会社のもつ信頼性というのも、若干ですがあるでしょう。

それに対してNPOは、まだまだ制度の歴史が浅く、とくに高齢者に対しては意味が通じない、ということも多いと思います。ただ、社会全体に対しては、NPOの方が「社会貢献」というイメージは大きいと思いますし、それが行政や公的機関に取り上げられやすい、ということにつながっていくかもしれません。

結論を言えば、やはり事業の内容によると思います。私たちのとくし丸は、目的は社会貢献ではあっても、日々の業務はふつうの小売業と変わりませんし、NPO法にある報告義務など、できるだけわずらわしい仕事が少ない方がありがたいので、株式会社という形で良かったと思います。

ただ、例えば行政などの公的団体や、多くのボランティアを巻き込みたい事業であれば、NPOなどの方が理解されやすく、適しているかもしれません。まあいずれにしても、要はカタチよりも中身です。中身に実効性があり、持続していける力強さ＝利益を出すことができれば、法人格にこだわる必要はないと思います。

さて、とくし丸は創業から一カ月後の二〇一二年二月、いよいよ販売開始にまでこぎつけました。前年の九月に構想してからわずか半年です。私はずいぶん突貫工事でやってきたように思いますが、住友さんはとにかくスピードを追求します。商売勘のある人は「グズ」を嫌うのです。もちろん弊害もあると思いますが、商売には基本的にスピードが必要です。商売におけるスピードというのは、分解すれば「即断力」と「実行力」です。そしてそれを可能にする「信念」が必要です。

でも心配はいりません。そんなもの最初から持っている人などいないのです。少しずつ意識して身に着けていけばいいのだと思います。後から信念などと偉そうに言っていますが、最初はグラグラして頼りないものです。とにかく一歩ずつ前へ進むことで、気がついたら確信になっていて、それが自信につながり、やがて「信念」と呼べるようなものになっていくのだと思います。

二月一〇日朝一〇時、「ファミリー両国田宮店」の前で開かれた出発式には、新聞各社やテレビカメラが集まってくれました。ファミリー両国の太田社長、とくし丸の住友社長のスピーチのあと、いよいよ二台のとくし丸が出発です。地元のミュージシャン柳町春雨さん作曲の軽快な二拍子の音楽をスピーカーから流しながら、私たちの移動スーパーがついに走り始めたのでした。

おっかなびっくりの初日でしたが、初日の売り上げは、住友一号車が二万円少々、村上二号車が三万円少々でした。私の方が地元ということで、多少ご祝儀的ムードがあったと思いますが、初日にしてはまあ上出来だったのではないかと思います。

第三章　「開拓歩き」から見えてくるこの国のカタチ

難しいほどラッキー？

創業に向けた具体的な話が続きましたが、この章では、日々の仕事の中から見えてくるノウハウや雑感を、思いつくままにお話ししたいと思います。

我々の仕事の、三分の一ぐらいの時間と重要性を占めるのが「開拓歩き」です。文字通りお客様（おもに買い物難民と言われる人たち）を探して、一軒ずつ訪ねて回るのです。この「開拓歩き」を、住友さんとともに二〇一一年の末からずっと続けています。住友さんはいつも万歩計を着けているのですが、いつもだいたい一万五〇〇〇歩ぐらいカウントしています。時間は午前午後ともに二時間ずつで一日四時間ぐらい。二人で一日四時間のウォーキングを、二年半以上続けてきたのです。

私は以前に市議会議員をしていましたので、地域の挨拶回りの歩きはずいぶん経験をしたのですが、もうすでにその議員時代の歩数を軽く越してしまったと思います。

こう聞くと、とても大変そうなことと思われるかもしれませんが、意外に住友さんも私も、どこかでこの歩きを「楽しんでいる」ところもあるのです。

二人とも、たぶん人間に対する興味関心がひじょうに強い人種なのだと思います。単に好奇心が強いだけなのかよく分かりませんが、他の人たちが日々どういう生活をしているのか、どんなところで何を考えて暮らしているのか、など「自分以外の人間生活」について、どんなものか知りたいという欲求を持っています。なので、ビジネスという大義のおかげで、こんな一風変わった、住友さん曰く「人間観察」ができると楽しんでいるのです。

さらに住友さんは、「健康づくり」だと喜んでいます。たしかに、何もなくただ四時間歩け、と言われても、できるものではありませんが、仕事なので、ある意味仕方なく歩くことができます。気がついたら体は締まってきて、体力がついているのですからこんなに良いことはないのです。私も数日前に温泉で鏡を見たら、おしりが引き締まって、ふくらはぎにグリッと筋肉がついていたので、我ながらびっくりしたところです。

こんな風に、何でも良いように考えながらやっていけば、自ずと仕事は楽しくなるのですが、それにしても暑い日もあれば寒い日もあるし、体調の良い日も悪い日もあります。歩きは基本的に、雨にも負けず風にも負けず……の、とてもきびしい仕事であることに違いはありません。ハッキリ言って、誰にでもできるものではないと思います。

ただ、鬼コーチの住友さんに言わせれば、この「誰にでもできることではない」ことこそが、ビジネスのツボだというのです。もっというと「誰にでもできるけど、実際は誰にでもできることではない」ということでしょうか。それは、例えばイチローのようにヒットを打つことは、いくら練習をしても才能の無い者にはできませんが、一日四時間歩くことは、健康な中年男性であれば、その気になれば誰でもできます。だけどこれは「やりたくはない」ことです。これが「誰にでもできるけど、誰にでもできることではない」ことです。ここが難しければ難しいほどいい、と住友コーチは言うのです。その理由はとても単純です。

ビジネスというのは、いくらソーシャルとかＷＩＮ－ＷＩＮとかいっても、この資本主義の世界では、基本は市場というパイがあって、それを自由な競争で奪いにいくという構造ですから、パイは大きく、ライバルは少ないほど、おいしいということになります。

例えば徳島の人はラーメンが大好きです。なので、ラーメン市場というパイはけっこう大きいと思います。だけどそのパイの分け前にあずかろうと、過剰なライバルがひしめきあっているところに入っていっても、結局、労多くして分け前は少なく、疲れ果ててしまうことでしょう。

パイは大きい方がいい、ライバルは少ない方がいい、というのが、基本的に求めたいカタチなのです。そして「パイ」の方は、時代や社会などの大きなトレンドによって決まってくるので、どうしようもありませんが、ライバルの方は少なくさせることができます。その方法は、誰にでもできることではない大変なことをやる、ということに尽きます。つまり努力です。努力は誰にでもできることではありませんし、その努力を積み上げてきた日々は、他の人になかなか追いつけるものではありません。これが、住友コーチがうれしそうに言う「難しいほどいい」という意味なのです。

なんだか説教くさい話になってきましたが、この「開拓歩き」の中で日々感じることを、少しビジネスから脱線しますが、次にお話ししたいと思います。

日本の町にはパブリックがない

この二年半、私たちは、徳島という日本の一地方の町や人々の生活を、じっくりと見てきました。土地によって特徴があるとは思いますが、全国、住環境は似たようなものではないでしょうか。とくに昨今、巨大資本の進出によって、風景や生活パターンは均一化しています。なので、徳島というローカルについて私が感じたことがすなわち、日本の地方一般について、ほぼ当てはまるのではないかと思うのです。

私が歩く中で日々、静かに感じていたのは、どこか日本の住環境の風景は、面白くないということでした。私は一〇代の頃からインドを旅したり、社会人になってからも時折、海外も訪れていましたので、どうしても外国で見た風景と比べてしまいます。

もちろん通り過ぎるだけの観光客の新鮮な印象と、生活者の毎日の風景では感じ方はまったく違うとは思いますが、それにしても日本の町の風景は単調で、均一で、どこか暗い印象があるのです。時々は、「面白い」「もう一度来てみたい」と思うような街並みに出会うこともあるのですが、しかし全般的に退屈な風景が多いのです。

これは何なのだろうと、ずっと心のどこかで思いながら歩いてきました。いや、この仕事をする以前から、私は日本の町の風景や家々に対して、いつも何か違和感のようなものを感じていたのですが、そのひとつの理由が、少し見えてきたような気がするのです。

それを一言でいうと、これが適切な言葉かどうか分かりませんが、空間的にも精神的にも、「パブリックが無い」ということです。私のいうパブリックとは、公共空間という限定された意味では無く、いうなれば「家でも職場でもないけど、そこに居てもいい場」です。

もちろん道路や橋、公民館や図書館、公園なども「公共」であることに違いはないのですが、そういう機能だけでない、文化や歴史のようなもの、あるいはコミュニティの存在を感じる空間と言ったらいいでしょうか。

そういう、どこか面白い、そこに居たい、と思わせるような場がほとんどないのです。

ただ、日本の町は「クリーン」ではあります。例えばアジア諸国の町に比べるとゴミが圧倒的に少ない。下水などの汚いものは、目に見えないところに埋め込まれているので「匂い」もありません。ずいぶんお金をかけた豪華な家や庭のある屋敷も少なくありません。ただそういう家も、みんな「塀の中」にこもってしまって、外に意識が向かっていないのです。

比べるのは酷な気もしますが、かつて私が訪れたドイツやオランダの町では、どの家も外に向かって窓際に花があり、見えるところにはゴミや汚いものは置かれていません。リッチな家でなくても「外」を意識して美しくしてあるので、町を通り抜けたり、散歩をすることがとても気持ちがいいのです。「美しい町」をみんなが意識して作っています。そういう公共的な意識のチャンネルが日本人には薄いのではないでしょうか。

私はなにも、日本の田舎の町をドイツやオランダのようにせよ、と言いたいのではありません。日本には日本にふさわしいパブリックのあり方があるのだと思います。パブリックは、見た目の美しさだけではないと思います。例えば井戸端会議のように、豊かなコミュニケーションが家の外にあふれている、といったこともパブリックだと思いますし、かつての昭和の風景のように、「道」で子どもたちが遊び、大人を見て育っていくというのもパブリックだと思います。そんな意味のパブリックが希薄で、しかも昨今ますますその傾向は強くなっているような気がするのです。

パブリックスペースの代表といえば「公園」でしょう。日本はそもそも公園が少ないし、本当の田舎に果たして公園なるものが必要なのか、という疑問もありますが、歩いていて時たま見かける小さな公園には、パブリックよりもむしろ日本的貧しさを感じてしまいます。

たいていの公園は、枯葉で埋まった四角いスペースに、ブランコと滑り台と鉄棒の三点セットが、遊ぶ子どもも無く寂しそうに放置されています。この三点セットは、これでなければ補助金が出ないというような話も聞いたことがありますが、このさびれた公園が、パブリックの意識の欠けた寂しさを逆に強調しているような気がします。

この、町全体にパブリックの意識が欠けてしまっている環境は、やはり近年の高度経済成長期以降に生まれてきた町に、とくに顕著にあらわれているのではないでしょうか。

まっすぐな道で区画された団地、交通量のニーズに合わない奇妙に幅の広い道路、歩行者や自転車、乳母車を押す高齢者のことは考えられていない車道など……。これは長年、「合理化」を追求した結果なのでしょうが、問題は「何を目的とした合理化なのか」ということです。

人間の暮らしやすさや精神的豊かさを求めて、みんなが知恵と税金を出し合う合理化ならば、例えばドイツやオランダの町のようになっていくのかもしれませんが、「儲け」のみを求め続けてきた合理化の末にたどり着いたのが、今の日本の風景のような気がするのです。

ワンダーフルな町

日本にも美しいと感じる生活の風景はあります。

私は瀬戸内の島々が大好きで、昨今も「瀬戸内国際芸術祭」などの開催もあって、時折訪れます。大きい小豆島もですが、男木島《おぎじま》や女木島《めぎじま》、直島《なおしま》や豊島《てしま》など小さな島々の暮らしの風景は、ほんとうに美しいと感じます。

もちろん旅人のノスタルジーで、見るものがすべて新鮮ということはありますし、その部分は大きいでしょう。しかしそれにしても、長い歴史の中で自然と格闘しながら、対話しながら、時に妥協しながら、島の土から生えてきたような集落、山の斜面に貼りついている迷路のような道を散歩していると、なんともいえない落ち着いた魅力を感じるのです。

島には、道にしても、家の造りや無造作に置いてある道具にしても、使途の分からないようなものがたくさんあります。そして脇道から突然現れた乳母車を押すおばあちゃんが話しかけてきたり、小さな店で近所の人たちが座り込んで井戸端会議をしていたり、触っても逃げたり怒ったりしない猫たちが日向ぼっこをしていたりと、悠久の時の流れを感じるような光景に出合います。

こんな島の暮らしの風景を、私は「ワンダーフル」だと感じるのです。ワンダーとは「不思議」や「驚き」です。不思議や驚きのあふれた町です。

画家の横尾忠則さんが油絵で「Y字路」というシリーズをたくさん描かれています。Y字路の分岐点から分かれる両方の道を見た構図で、観る者にどちらを選ぶのか、迫るような奇妙な絵のシリーズです。私はこの絵のシリーズが大好きなのですが、島を歩いていてその理由がわかったような気がしました。島には至る所にY字路がありますが、Y字路というのは「不思議」なのです。

なぜY字路を不思議だと感じるのか。それは「合理的」でないから不思議なのです。今の都市計画や開発のように、土地を全て金儲けの対象にして、少しでも多くの利益を生み出す生産性を考えたならば、道路は九十度に曲がり、どこまでも直線、家の区画は真四角というのが一番合理的です。無駄とか半端を考えたらY字路などという部分は出てきません。もちろん島のY字路も、暮らしの中の必要性や、地形や気候などから生成された結果なのでしょうが、少なくとも即物的な儲けだけでは計れない、先人の思考と労働の歴史が醸し出されているような気がするのです。

長年見慣れてきた合理化一辺倒の都市から島へ行くと、アタマの中がすっと「ほぐされる」ような気がするのは、そんな不思議に満ち溢れた光景にたくさん出会うからなのだと思います。ワンダーフルな町は、生活の舞台装置として豊かですから、そこに暮らす人々の存在感は濃くなります。都会から島に移住してくる若者たちが増えているのは、そんな理由もあるのではないでしょうか。

逆に、近代的な都市計画の中で開発された団地などは、「ワンダーレス」な町だと言えるでしょう。そこには不思議なものはありません。すべて生産性や合理化で理解できるものばかりです。無駄は極力排除されていてクリーンです。しかしそこには「ワンダー」がありません。街路樹や公園などもありますが、私には、どこか予算とコスト計算ばかりが裏に透けて見える軽いものに見えてしまいます。

そんな近代的な町の、私の思う最大のデメリットは「寂しい」ということです。そういう舞台装置の上での人間の生活はどこか空虚です。存在感が薄くて、一人の人間が誰にでも「置き換え可能」な道具のように扱われる不安を、いつも抱えていなければなりません。

町全体にパブリックが無いから寂しいのだと思います。パブリックは集会所や公民館、公園や図書館という枠の中だけと決まっていて、あとは家と職場と、お金を出せば居させてくれる商業施設しかないというのが日本の町なのです。

こんな町の中でみんなどこか息苦しく、家の中にこもってしまい、結果として地域のコミュニティが崩壊してしまうのだと思います。

縁の切れた家

毎日歩いていてよく見かけるのは、打ち捨てられた家です。枯木や草が建物を覆い、屋根や壁が崩れかけていて、廃墟化しつつある家に毎日数件は遭遇します。まだ暮らされていても、はっきり言ってかなり汚れていて異臭のするような家も少なくありません。そうじや庭の手入れは健康あってのもので、やってくれる人がいなければ放置されるままになるのは仕方がないことなのでしょう。家の前を通り過ぎるだけなら気がつかないのでしょうが、私たちはすべてピンポンを押して回るので、いやでもそんな家の多さが意識されます。

「買い物難民さがし」という特殊な任務の中でこそ見えてくるものだと思いますが、こんな家を一言で「縁の切れた家」と言えるのかもしれません。家族や親戚や地域や社会との縁の切れた家です。こういう家に住んでいるのは、かなり高齢の方が多いのが現実です。お話をしていても、日々の食事をどうしているのか想像しにくいような人もいますし、そういう方は、なかなかとくし丸の話をしても、受け入れるまでに至らないということも多いのです。

断言するのには躊躇しますが、こういうお家が孤独死の舞台になっているのかな、と思ったりもします。孤独死は「無縁死」である場合が多いのも真実でしょう。

また、前述の高度経済成長期に開発された「郊外の新興団地」もまた、無縁の舞台になっているような気がします。哲学的な解説を待つまでもなく、そんな新興団地（もうすでに古興団地とでもいうべきでしょうが）に一歩足を踏み入れて、人の気配がほとんど感じられなくなっていることを見れば、誰でもがここに「無縁」の空気を感じ取ることができるでしょう。

こういう団地を歩いていると、道がまっすぐなので、文字通り「歯の抜けたように」誰も住んでいない廃墟となった家に出会います。いろいろな事情があったのでしょう、打ち捨てられた家は枯草が絡まりつき、破れたカーテンの間から家具が見え、中には洗濯物がそのまま何年も干されている状態で放置されている所もあります。

庭は枯れたままの植木や、道具が使用していたそのままの形で捨てられています。生臭さが漂うのは、家の中に食べ物とか、なにか有機物が残っていた痕跡でしょうか。屋敷全体がその町の中の「放置ゴミ」と化しているのです。団地では今、こういう「放置ゴミ化」した家が急速に増えています。

住んでいる皆さんには失礼かもしれませんが、私にはこういう団地全体が、将来的に放置ゴミ化の方向に向かっているように見えます。

なぜゴミ化するのでしょうか。単純に考えると、新建材自体が燃えないゴミなので、打ち捨てられたのちに自然に帰らないということ。今、私たちが使っている家や道具は、使わなくなればゴミになるという事実です。なぜそういう当たり前のことを言うかというと、昔の家……百年近く経つような家の廃墟を見れば、ゴミ化ではなく、自然に帰っていっている様子が見てとれるからです。そういう家は年々、屋根がちゃんと崩れてきます（新しい家の構造はなかなか崩れません）。土壁は土と同化し、柱の木は腐って、土に還りつつあります。あと一〇年ぐらいすれば、ほとんど土のようになってしまうのだろうと思います。

そういう昔の家と比べて今の家は、自然に帰ることなく放置ゴミになってしまうのです。もう一つのゴミ化の理由は、住人が連鎖せず一代で終わりの家だからです。子どもが育ってそのまま、もしくは県外などから帰ってきて（家を建て替えるにせよ）、そこに続けて暮らすことがほとんど無いからです。私の家の近くの団地も、私が子どもの頃は同級生だらけでしたが、今ではほとんど誰も帰ってきていません。

こういう町づくりの思想自体がそもそも「使い捨て」だったのでしょうか。子どもが帰ってこないのは、もちろん職業の有無など社会構造的な事情があるのでしょうが、私はもっと単純に「戻りたい町ではない」ということが実は大きいのではないか、と思うのです。新建材や技術といった要素だけでなく、近代人の思想自体が、歴史の風雪に耐えられないゴミのようなものだとしたら、そこにこそ深い病根があるような気がしてなりません。

家や人の連鎖が断ち切れているということは、生態系の循環がないということです。生態系というのはすなわち「縁」です。縁を軽視し「円」だけを追い求めてきた結果、たどり着いたのが今の無縁社会なのだと思います。

インディアン（アメリカンネイティブ）は、七代先のことまで考えて行動するといいますが、私たちもせめて一代か二代先、自分たちの子どもや孫たちのことを考えて町づくりをしていくべきなのではないでしょうか。

一方、我田引水にはなりますが、私たちの移動スーパーの周りには、ご近所の人たちが集まってきます。みんな楽しそうに会話をしながらお買い物をしています。当初私は、このご近所の人たちはいつも集まって井戸端会議をしているのかな、と思っていたのですが、会話を聞いていると「久しぶり」という言葉が多く、実は週に二回のとくし丸の存在が井戸端会議そのものになっているということに気がついたのです。

私たちの移動スーパーが、「コミュニティの復興」というと大袈裟すぎますが、着実に人の縁を取りもどすことに寄与しているのです。今では、とくし丸でのお買い物が唯一の情報センターになっていると見受けられるような高齢者の方も珍しくありません。

歩きから見えてきた日本の町の問題点と、その解決に少しでも現実的に寄与する、という喜び……。お金儲けだけでないソーシャルビジネスのやりがいです。

お客様さがしのテクニック

話を「儲け」に戻しましょう。

これまでの話と矛盾するようですが、それでもやはりビジネスの基本にあるのは生産性の追求です。我々のソーシャルビジネスも、生産性を追求しなければならないことに変わりはありません。ドラッカーによれば、利益はそれ自体が「目的」ではなく、事業継続のための「必要」なのだとか。まさに私たちも、買い物難民問題解決のために、持続可能な事業を作り上げていかなければならないのですから、生産性の追求から逃れることはできないのです。ただ、それを何の目的でやるのか、マクロな視点で倫理の欠如は無いかなど、常に「ソーシャルなアンテナ」を立てておき、我々の生産性追求が「何かを犠牲にしていないか」と感性を張り巡らせておくことが大切なのだと思います。

我々の生産性追求は、例えば「買い物難民探し」の技術向上です。私たちは開業以来ひたすら歩き続けて、今ではすっかり買い物難民探しの「目利き」になってしまいました。ピンポンを押す前に家の相を見ただけで何となく「臭う」ようになってきたのです（それも失礼な話ですが……）。

まあそれでもまだまだ的中率は低いのですが、高齢者のいるお家ということであれば、九割以上の確率で家を見ただけで分かります。これまで数万軒を歩いてきた中で、五感が身につけてきたものなのでしょう。

そこで、悪徳販売などの参考にされたら困るのですが、この本を手に取る人にそんな人はいないと信じて、高齢者のお客様探しのツボを少しお話ししたいと思います。ちなみに私たちは、このお客様探しを「営業」とは考えていません。何かをお勧めして販売するのでは無いからです。つまり、欲しいと思っていなかったものを無理やり売るのではなく、「困っている人を探す」というのが、私たちのお客様開拓なのです。困っていない人に無理やり勧めても、あまり意味がありません。つまり私たちの開拓歩きは、勧誘ではなく「需要調査」なのです。

なので、家々に飛び込むこと自体に、さほどのプレッシャーや勇気はいりません。相手の考えを捻じ曲げて自分たちの商品を売り込んでいこう、というのではないからです。あくまでも基本は「買い物に困っていませんか」という「ヒアリング」であり「リサーチ」なのです。そしてその手助けをする、ということが私たちのモチベーションなのですから、気負うことなく自然な会話を楽しめばいいのです。

私たちのお客様探しのテクニックは「エリア設定」から始まります。買物に困っている人を効率よく探すのですから、まずはスーパーから遠いということが基本になります。ただ、足が痛かったり、身体が自由に移動できない方は、目の前に見えているスーパーまで行けないということもありますし、逆にスーパーまで遠くても、車に乗る人はどこまででも行けるので対象にはなりません。しかしまあ効率を考えるならば、やはりスーパーから遠いことが基本です。

ではどこまでを「遠い」というのか。これに関しては一般的に、半径三〇〇メートルが歩行者のお客様の商圏と言われていますので、これに当てはめると、スーパーから三〇〇メートル以上離れていることが条件になります。ただ実際に三〇〇メートルといえば、私のような中年健常者から言えば、けっして遠くなくむしろ「近い」距離です。本当にそんなところに「買い物難民」

といわれるような人たちがいるのでしょうか。その答えはイエスです。スーパーの看板が見えている所にもお客様はいます。

歩いていて面白いのは、いま話しているお家の人が「ここはスーパー遠いから」と言っているかと思えば、隣の人が「ここはスーパー近いから」と真逆のことを言うことが多いのです。最初は「スーパー近いから」と言われれば、やっぱりダメかと落ち込んでいたのですが、この現象に気づいてからは気にならなくなりました。

人の感覚というのは本当にバラバラです。その人の条件（交通手段や家族構成、道路など）や感受性によって、同じものを見ていてもある人は遠いと感じ、ある人は近いと感じるのです。近いと感じている人に「いやいや遠いですよ」と説得してもはじまりません。

とはいえ、だいたい半径三〇〇メートルがスーパーの歩行者対象の商圏であるというのが、これまでの経験的データなのですから、我々の歩きマップはスーパーから半径三〇〇メートル圏を外して設定します。

そして私たちはスーパーだけでなく、地元の小さな食料品店からも三〇〇メートルを外します（どんなに小さなお店であっても、生鮮食品を扱っているお店であれば対象です）。これには別の意味があります。がんばって営業をしている小さな食料品店は、利用者にとっては、いわば地元の食の砦です。このお店の存在によって「難民化」を逃れているのですから、私たちの理念から言えば、こういう小さなお店の営業に迷惑をかけてはいけないと考えているのです。私たちが入り込んでいくことによって、お店の売り上げを落としてしまうかもしれませんし、そうでなくとも不安を感じさせてしまうでしょう。

生き馬の目を抜く市場経済のなかで、「何きれいごとを」、と思われるかもしれませんが、その「きれいごと」が私たちのモチベーションになっているのですから、ここは大切なベーシックエチケットだと考えているのです。

さて、販売エリアが決まれば、まずはスーパーや食料品店をチェックして「下見」に回ります。下見のチェックポイントは、電話帳や地図で見つけた小さな食料品店が実際に営業しているかどうか。これは実際に見に行ってみると、もうすでに店を閉めてしまっている所が多く見られます。もしくは一応開いているけれども商品はほとんど置いてなく、肉や魚も冷蔵庫に二、三パックだけで、おばあちゃんが一人で店番をしていたりします。

こういうお店こそ、ほんとうは大切にしたいお店です。歩いてしか行けないご近所の高齢者には命綱かもしれませんし、何よりもいろんなお話ができる地域コミュニティのセンターなのです。いくら偉そうなことを言っても、我々の移動スーパーは文字通り「移動」してしまいますから、やはり地域のお店は何よりも頼れる存在です。逆にこういうお店が無くなることがきっかけで、引きこもってしまう高齢者も少なくないと思うのです。

さらに、子どもたちにとっても、こういう地域のお店は大切な「お楽しみ」であり、数少ない社会との接点で、かつ「成長の場」でもあります。こういうお店に駄菓子を買いに来たりおつかいに来たりして、店の人や近所の大人と話をする中で、社会の空気を感じながら学ぶことは、けっして学校の中では教われないことばかりです。

下見のもうひとつの目的は、町並みを見ることです。これも一〇台以上のコースを作ってきた経験から、なんとなく目が肥えてきましたので、良さそうな町や村に一定の雰囲気があることもわかってきました。

まず論外は、最近新しく開発された住宅地。こういう所は九割以上若い人が住んでいますので、歩いても時間の無駄です。ただ九割と書いたのは、逆に一割は高齢の方も住んでいるということです。家を建て替えた人もいますし、若い人と同居をしている人も当然います。なので、こういう住宅地にも一応チラシを入れておきます。ポスティングだけでも必ず問い合わせの電話がかかってきます。それに、お客様の中にはもちろん若い人もいます。若いお母さんなども、子どもが小さくてスーパーに行くのがたいへん、という人も少なくありませんし、自宅で仕事をしていて忙しいので助かる、という人もいます。移動スーパーのお客様が高齢者だけと考えるのは間違いなのです。ただ、やはり効率を考えると、いかにも新しい住宅地は時間の無駄になることが多いのです。

私たちにとって「おいしそうな町」は、やはり古い家の多い町です。

ただ経験から言えるのは、あらかじめ良さそうなところだなと思っても、販売を始めると意外と難しいエリアもあるし、その逆もあるということです。商売は何でもそうかも知れませんが、やはり正確に読むのは難しいものです。古くて立派な家が多くても、保守的で簡単に他者を受け入れないような雰囲気の町は定着するまでに時間がかかります。

農家の多いところも意外に難しいのです。なぜかというと、農家には必ずと言っていいほど高齢者がいますが、皆さんかなりの高齢になっても、日中は働いていて家にいません。そして農家のおばあちゃんは、自動車免許証保有率がものすごく高いのです。収穫物を出荷するための軽トラを運転しなければならないからです。さらに元々「しまつ」の習慣があり、簡単に現金を使いません。そんな法則があって、農村地帯は難しいところが多いのです。

ただ、「農家は野菜や果物は売れないでしょ」という意見も、これまた常識に縛られていて、意外とそうでもなく、果物などは結構売れます。みかん農家さんは、みかんだけを食べているわけではないということです。また、農繁期には家族総出で仕事をしているので、お昼ご飯の弁当とかお寿司を持って行ってあげると喜んでくれます。

同じ理屈で、漁村でも意外と魚は売れます。販売中にお客さんの一人に理由を聞いてみたら、「うちは魚食べずにおれんけど、獲れんときもあるし、（徳島では獲れない）サーモンやホッケも食べてみたいで」とのこと。まあ当たり前ですね。エリア設定は、固定概念に縛られず、しかし効率化を忘れないというバランスが大切なのかもしれません。

エリアが決まれば、次はいよいよ実際に歩きはじめます。先にも述べたように、家構えを見ればだいたい高齢の方が住んでいるかどうかはわかりますが、そのチェックポイントがいくつかあります。

まずは家が古いこと。当たり前ですが、古い家にはたいてい古い人が住んでいます。庭の植木や鉢などにも「年季」があります。松やサツキなどシブい木を大事にしているのは高齢者です。かわいらしくお花を咲かせてある家には女性がいますし、地味な小さな花を大切にしているのはおばあちゃんが多いようです。

他にも、家の玄関に手すりがついている、玄関前に杖や乳母車が置いてある、自家用車がなさそう、もしくはあっても高齢者マーク、あるいは洗濯物にラクダ系、ズロース（こんな言葉今でもあるのでしょうか……）系が干してあるなど、いろいろとありますが、まあその全体が高齢者在住の雰囲気を醸しています。

逆にダメな家のチェックポイントは、まず家が新しいこと。玄関回りが若いこと。若いというのは、七人の小人の置物が置いてあったり、キャラクター物が散見されたりするということです（徳島ではやたら犬が「Ｗｅｌｃｏｍｅ」の札を咥えている置物があります）。

子どもの遊び道具や自転車、カメを飼う水槽やカブトムシ関係のあれこれなどもバッドサインです。それと車が若いこと。洗濯物が若いことなどを見れば、若い人が住んでいる家だということがわかります。こういう家に高齢者がいないかといえば、もちろんそんなことはないのですが、やはり若い人との同居率の高い家は、移動スーパーのお客様になってくれる確率は低いのです。

子どもの自転車に嫌悪感を覚え、ラクダ系下着やシルバーカーが好ましく見えはじめたら、だいぶん高齢者探しのプロに近くなってきた証拠でしょう。仕事以外の時間でも、手すりや乳母車を見たらうれしくなる、というところまでくれば、かなりビョーキと言えるかもしれませんね。

以前、私は、スーパーからタクシーに乗って帰っていくおばあちゃんを見かけ、気づいたら自分のカブで尾行をしていたということもありましたが、さすがにこれは犯罪かも、と気づいて止めました。

まあここまでしなくても、いずれにしてもお客様があってのビジネスですから、常に自分を「お客様探しマシン」にしておくことが必要なのだと思います。

「歩き」から見えてきたこの国のカタチという高尚な文明論（？）からはじまって、おばあちゃんの住んでいる家探しのテクニックと、ずいぶん飛躍した章になってしまいましたが、何かの参考にしていただければと思います。

第四章　チームの絆でハッピーになる

チームでトラブルを乗りこえる

エリアの開拓歩きの中でお客様候補に出会ったら、住宅地図のコピーに○印をしていくのですが、調子の悪い時には、一日中歩いて○が一軒も無いような日もあります。さすがにそんな日はヘコみます。そして私は、こんな時にはよく「これって一人ではできないな」と、しみじみと思うのです。

鬼コーチの住友社長がいて、現場の主役である販売パートナーさんがいて、協力してくれる地域スーパーさんがいて、そんな多くの人たちの「共同プロジェクト」だからこそ、つらい日も一歩ずつ前に進めるのです。

大震災以降よく「絆」という言葉が使われます。これが政治のキャッチフレーズに使われるときには何だか胡散臭いのですが、やはり悲しみを乗り越えて復興していくという、ひじょうに困難なひとつの共同プロジェクトに取り組む時などには、「協力」では軽すぎて、より決意の固いイメージのある「絆」という言葉がぴったりとくるのでしょう。

とくし丸もまさに、買い物難民救済の共同プロジェクトです。新しいことを立ち上げるのは非常にパワーのいることですが、それに関わるチームメンバーの、やはり絆のようなものが力の源泉になっているような気がします。

営業がはじまってから日々、実感しているのは、我々の仕事はほんとうに「チームワーク」が大切だなと思うことです。次々と現れてくるいろんな課題やトラブルに対して、すぐにチームのメンバーが駆けつけ、助け合いながら乗り越えていくことが日常になっています。

例えば交通事故の対応。我々の移動スーパーとくし丸は、運転を伴う仕事はすべて同じだと思いますが、とにかく安全第一です。それを日頃からみんな意識しているのですが、それでも避けられない事故はあります。

ある車は、販売開始のなんと二日目に、土砂降りの雷雨の中、架装の跳ね上げ扉を開けたまま発進してしまい、扉が農家の倉庫に激突してしまいました。私も助手席に乗っていたのですが、ドーンという衝撃に、雷が直撃したのかと身を縮めたほどです。

幸いケガはなく、倉庫のトタンに穴が開いてしまっただけで済みましたが、扉は歪んでしまい、そのまま販売を続けることはできなくなってしまいました。土砂降りの中、相手のお家へのお詫びと対応、レッカー車の要請、修理工場との連絡、そして待ってくれているお客様への連絡など、一人では泣きたくなってしまうような状況でしたが、とくし丸本部やマーキュリーのスタッフたちが速やかにサポートし、次の日には朝から販売ができるようになっていたのですから、本当にチームワークというのは素晴らしいものです。私は、大きい組織にはそれなりの良さがあるとは思うのですが、やはり血の通った絆というのは小さなチームにこそ宿るような気がします。

また、移動スーパーは野外の仕事ですから、屋内では想像できないようなトラブルも頻発します。例えば、雨が電気系統を濡らしてレジがいきなり動かなくなってしまったり、なぜか冷蔵庫の効きが悪くなってしまったり。いずれも後に改善されましたが、創業当時は思いもつかなかったトラブルでした。

そんな時には、本部から速やかに出動して、予備のレジを届けたり代車を届けたりして対応します。一人でやっていれば休業せざるを得ないような状況でも、チームでカバーしあって乗りこえていくのです。

また、ハードルは物質的な面だけではありません。販売パートナーさんの仕事は、毎日待ってくれている人たちに食料品を届けるという責任の大きいタフな仕事です。肉体的にもハードですが、時には精神的に苦しくなることもあります。そこで本部では、月に一度の販売パートナーさんとのミーティングの時間を通して、いろんな悩みを共有し、克服のために力になれることは手助けを惜しみません。

ミーティングは、「お客様が落ちてきた」「商品のバリエーションが足りない」など具体的な内容もあれば、「お客様にどう対応すればいいかわからない」「このままこの仕事を続けていくべきか」といった悩みのカウンセリングのようになる時もあります。そんな時には、住友さんは長年経営者として、私は市議会議員としてそれなりの経験を積んできたので、自分たちの力量の限りを尽くして誠意をもってアドバイスをします。

よく言われるように、多くの悩みは、それをきちっと聞いて共感してくれる人がいさえすれば、ずいぶん救われることが多いものです。もちろん個人的な生活環境など、具体的には何も力になれないことも多くありますが、少なくとも私は、販売パートナーさん個人が「どうすればハッピーになれるか」ということを基準にして、親身の対応をしていきたいと心掛けています。それがひいては、自分自身のハッピーにつながっていることを実感するからです。

第一号販売パートナーあらわる

今この原稿を書いている時点で、とくし丸には一〇人の販売パートナーさんがいます。そして事務所には、連日のように希望される方からの問い合わせの電話が入るのですが、創業当初は、机上で考えたように、本当にやってくれる人が現れるのか、実のところは疑心暗鬼だったのです。

私たちのビジョンは、個人事業主として移動スーパーをやってくれる人がたくさん出てきて、地元のスーパーと提携し、広域で買い物難民を救うというものでした。なので、いくら自分たちだけで根性を出してがんばっても、肝心の販売パートナーさんが出てきてくれなければ話になりません。

販売パートナーの募集ではじめに私たちが取り組んだのは、開拓歩きで渡すチラシの裏に、大きく募集広告を刷り込むという方法でした。それと同時に、提携スーパーのチラシの一角に載せてもらうようにしました。

このチラシが新聞折り込みされると、さっそく何本かの電話がかかってきました。ところが電話の内容は、なぜか「パート希望」と勘違いした人ばかりだったのです。私たちはきちんと内容を書いたつもりでしたが、みなさん「販売パートナー募集」という見出しだけを見て「パート募集」と勘違いをしていたのです。結局それから数週間が経っても、パートナーをやりたいという人は一人も現れませんでした。

開拓歩きのチラシだけなら数が知れていますが、提携スーパーのチラシ折込数は九万枚でした。それだけ家庭に届いている情報なのに、一人もアンテナに引っかからないのです。私たちはじわりと焦りを募らせました。

私たちはハローワークや、自衛隊の退職後のお世話をしている事務所に説明に行ったりして、あの手この手の人材募集活動をやりはじめましたが、みなさん興味は持ってくれるものの、実際にやりたいという人にはなかなか出会えませんでした。

そんなある日、事務所に一本の電話がかかってきました。電話の内容は、私たちのことを報道してくれたテレビニュースを見て関心を持ったので話を聞きたいとのことでした。名前は織原元広さん。徳島県の南部に位置する阿南市那賀川町にお住まいで、元々は鉄工所の役員をしていた人でした。年齢は五十五歳。お会いしてみると、とても優しくてたくましい感じの人です。私は一目見て、この仕事にぴったりな人だと直感しました。

お話を聞くと、織原さんは鉄工所を早期退職して、自分で唐揚げ屋のようなものができないかと研究をしていたところ、私たちのビジネスモデルをテレビで見て、関心を持ってくれたとのことでした。

織原さんの登場は、私たちに希望の光をもたらすものでした。私たちの考えたやり方に共感をもってくれる人がついに現れたのです。さっそく織原さんには、私たちの販売車に体験乗車をしてもらうことにしました。

その間、肝心の売り上げの方は、遅いペースではありましたが、じわりじわりと毎月確実に上がってきました。最初は日販三万円そこそこからのスタートでしたが、やがて四万円、そして五万円を記録する日が出てきました。

商売というのは、何でもお客様の信頼を勝ち取るには、しばらくは時間のかかるものです。私たちも、到着時間をできるだけ正確に守る、注文品をきちんとお届けする、といったふだんの地道な活動の中から、少しずつ「なじみ」の関係を作っていきました。それが徐々に売り上げのアップにつながっていったのだと思います。

今では、平均でも一口の売り上げは七、八万円ぐらい。日によっては一〇万円を突破する販売パートナーさんもいますが、この頃はまだ五万円がひとつのハードルだと考えていました。

私の車が五万五〇〇〇円の新記録を出したのは、織原さんと一緒に回っている時でした。

時間はスーパーへ帰着しなければならない夕方五時の少し前。私と織原さんは、あるアパートの駐車場で販売をしていましたが、いつものお客様の買い物がほぼ終わったところでレジ点検をしたところ、売上金額は五万四〇〇〇円でした。あと一〇〇〇円で五万五〇〇〇円達成だというところで、見込みのお客様が尽きてしまったのです。

織原さんと二人で残念がって、仕方がないと店を閉めかけたところで、アパートの三階のドアが開き、それまで見たことのなかった中年の女性が現れました。

二人で見上げていると、どうも私たちの移動スーパーをめざして階段を下りてくるようです。これは、と待ってみたら、「夕食の材料が足りなくて困っていた、ちょうど良かった」とかなんとか言いながら、一五〇〇円ほどの買い物をしてくれたのです。これで見事に目標の五万五〇〇〇円を達成です。

こういう風にがんばっていると、時々「プチ奇跡」が起こってくれるのです。商売にとって「数値目標」というのは、ノルマになれば苦しい重荷になりますが、前向きに取り組む目標と捉えたとたん、それは自分を励ますものとなり、人の親切や神さまのプレゼントを感じるためのアンテナにもなるようです。

ハッピーというのは、それを感受するアンテナがあって、はじめて味わえるものだと思います。ハッピーは明らかに「努力」とセットです。不思議なことに「努力抜き」では、同じ現象に出会ってもハッピーは感じられません。人間というのは、神さまか仏さまか知りませんが、つくづく「努力せよ」と創造された生き物だな、と思います。

さて、そんな喜びを共にした織原さんですが、いよいよ独立開業を決断され、めでたく私たちの移動スーパー事業の販売パートナー第一号となりました。

私たちも机上のプランでは、「これはいけるはず」と確信を持っていましたが、現実にそれが通用するかどうかは神のみぞ知るで、やってみないと分かりません。そんなわけで、織原さんの勇気と決断に感謝をしつつも、これは絶対に失敗ができないと、身が引き締まる思いでした。

生鮮スーパー・ニコーとの出会い

さて、販売パートナーとしての創業を決断された織原さんでしたが、次のステップとして、販売エリアを決め、提携スーパーを探さなければなりません。

販売エリアは話し合いの上、織原さんの住む阿南市那賀川町を中心にしようということになりました。那賀川町は徳島県の南部に位置し、広い農地の中に町が混在するような地域です。何よりも幹線道路沿いだけにスーパーが集中して、広がる農業地帯には小さな食料品店が二軒ほどあるだけで、見るからに買い物に困っている人が多くいそうなエリアでした。

ここを織原さんは販売エリアとして決定したのですが、私は何よりも本人の家のあるところが一番だと思っていました。それは、地理的にも人的にもなじみのあるエリアだということもありますし、今風の言い方だと「職住近接」で、通勤時間やコストを考えても、家と職場は近い方が幸せだと思うからです。

都会のように、通勤時間に毎日往復二時間も使うのは、やはり人生の時間をだいぶん損をしている気がします。まあその分、電車の中で本を読んだり英単語を覚えたりしているのかも知れませんが。

いや最近では「スマホ」を眺める時間でしょうか。一日二時間で年間三〇〇日としたら一年で六〇〇時間、それを四〇年続けるとしたら二万四〇〇〇時間。実に一〇〇〇日間です。わずか数十年の人生のうち、三年近く（睡眠時間も含めて！）を、スマホを眺めて過ごしているのだとしたら、かなりもったいない気がします。やはり許されるなら職住近接でいきたいものです。

そして文明的な大きな意味においても、都市集中よりも地元でできる仕事にシフトしていくことが、これからの日本の少子高齢化という人口構造から言っても理に適っていることだと思うのです。これについては後の章でも述べたいと思います。

話を戻しましょう。こうして販売エリアの決まった織原さんですが、提携するスーパーがまだ決まっていませんでした。というのは、すでに提携しているファミリー両国は、阿南市付近には出店していなかったのです。提携スーパーは効率からいって当然、販売エリアの中になければいけません。

そこで思いついたのは、那賀川町の隣にある羽ノ浦町の「生鮮スーパー・ニコー」でした。ニコーは一店舗だけのいわゆる家族経営で、小規模ながら鮮魚や生鮮の良さで評判のいい地域密着のスーパーでした。

なぜ知っていたかというと、ニコーの社長の弟さんが、偶然、私自身が徳島市内で販売するポイントの目の前に住んでいて、以前に声をかけてくださっていたのがきっかけでした。その弟さんを介してさっそくニコーの社長に話をすると、ぜひやってみたいとのこと。社長の平さんは私と同い年の人でしたが、やはり最近の大型ディスカウントチェーンの出店などが響いて、売り上げの低迷に苦労をされていました。

従業員一丸となって努力をし、安くておいしい弁当や魚の鮮度の良さをウリに、地元で踏ん張っている真っ只中だったのです。まさに私たちが応援したい地域スーパーでした。

織原さんの家からニコーまでは車で一五分少々。まさに職住近接です。そして織原さんの住む那賀川町だけでは少し人口が少ないかな、と思っていましたので、ニコーのある羽ノ浦町と合わせてちょうどいいエリアの広さになりました。

そして織原さんは新しい車両を発注し、私たちは地図を片手に一軒ずつ戸別訪問をはじめたのでした。

那賀川町はそのほとんどが平野で全体に起伏がありません。そういう土地の特徴は、広い農地の中にポツポツと家があるということで、つまり家と家がかなり離れているのです。一軒訪問したら次の家までまたしばらく歩いて、ということの繰り返しで、こういう地域では開拓に時間がかかります。あまりにもよく歩くので、ある時にはバイクを使ってやってみたのですが、バイクは止める場所とヘルメットの脱着を考えたら、とても面倒くさく、結局は歩きが一番ペースがいいということに落ち着きました。まあうまく輸送手段さえできれば、自転車などは使えるかもしれないとは思います。

さて、当時はまだまだ「とくし丸」の名前などほとんど誰も知りませんから、何のことかの説明から始めなければなりません。そんな中で私たちは、まずはお客様への導入のトークとして「スーパーのニコーです」という切り出し方をすることにしました。郡部では、地域のスーパーの名前はみんながよく知っています。いきなり「移動スーパーとくし丸です」では、どこのあやしい行商か、と思われるかもしれませんが、ニコーの名前を出すことによって、スッと玄関の扉を開けてくれるということがわかったのです。ニコーがふだんから、鮮魚などで評判が良かったことも話題作りの後押しになりました。

地味なことですが、やはりふだんの小さな努力がこういう時に相乗効果を生んでいくのだと思います。お客様の反応も「ニコーは魚がいいけんな」「ニコーが良いこと始めたね」と上々でした。まあ逆に「あんたニコーで見かけたことないな」と疑われたりもしましたが……。

エリアの効率性

さて、いよいよ織原さんの販売が始まりました。私と住友さんは毎日交代で助手席に同乗させてもらって、販売現場についたら隣近所に声をかけたり、扉の開け閉めの手伝いをしたりと大忙しです。

あらかじめの開拓歩きで、一応は「○」の反応のお客様の所をルートにして回るのですが、なかなか最初からスムーズに買ってくれるわけではありません。何の商売でもそうでしょうが、はじめはやはり信用が無いのでお互いに探り合いです。そのうちに、「ちゃんと定期的に回ってくる」「ちゃんとした商品を持っている」「販売員がまじめである」といった基本条件が承認されて、買い物単価も徐々に上がってくるのです。

店舗でも基本は同じでしょうが、私たちの移動スーパーはとくに「客数」がほぼ固定されていますので、売上げを増やそうと思ったら「客単価」を上げるしかありません。とくし丸の客単価は、五〇〇円ぐらいから五〇〇〇円以上まで大きな幅がありますが、やはり平均して二〇〇〇円ぐらいには上げていきたいと思っています。

私たちの感覚では、毎回数百円というお客様は「買い食い」レベル。つまり目的がパンやおやつなどで、メインの食糧供給源ではないということです。なので、身勝手な考え方かもしれませんが、客単価が高いほど買い物に困っている率が高いと考えると、売上げアップと社会貢献度アップは一致すると考えているのです。

ルートによる売り上げの予測は、ほんとうに行ってみなければわからない、というのが私の実感です。

そんな中でも、明らかに難しそうな場所は分かります。例えば最近開発され、住人は若い人がほとんどという新興住宅地であれば、「行ってもムダ」のレベルです。しかし、スーパーからの距離が遠くて古い家が多い、もしくは混在する土地で、一見「良さそうな」エリアであっても、行ってみるまでは分からないというのが正直なところです。

要は受け入れられるかどうかです。自分自身を考えてもそうですが、定期的にモノを購入するお店を、最初から何の抵抗もなしに選ぶということはふつうありません。最初の導入が一番ハードルが高く、印象が良ければ二度三度と試してみて、気がついたらユーザーになっている、というのがお客様として定着する通常のパターンでしょう。

ましてや山間部の町村ともなれば、なかなか受け入れられるまでに時間がかかります。なので、不便をしているだろうなあ、と思うような地域でも、最初からはなかなか難しいのです。

そういう前提はあるのですが、やはりこれまで一〇台、およそ三〇コースの販売ルートを作ってきた経験から言えるのは、手間のかかるエリアと、速やかに浸透するエリアがあるのは確かのようです。

織原さんの場合にも、ニコーから近いところに、昭和四〇年ごろから開発された大きな団地がありました。ここは団地の中にスーパーは無く、かなり高齢化も進んでいるので、開業当初はここだけで一コースは作れるだろうと見込んでいたほどです。ところが始まってみてからは、かなり粘ってはみたもののなかなか売り上げが伸びず、最終的には数件を残して撤退ということになってしまいました。

他に、山際で農家の多い、あるエリアも、全くと言っていいほど反応が薄く、ほとんど入れないという結果になりました。もちろん粘り強くいけば必ずお客様はいるのですが、あまりにも効率が悪いというエリアも出てくるのです。

中島のコミュニティを復活させる

逆に、ビジネス的にも社会貢献的にもすばらしく歓迎されるコースも出来てきます。織原さんの「中島コース」がそうです。

那賀川町の中島は、まさに織原さんが今現在、住んでいる地区です。助手席に乗せてもらって一緒に回ると、みんなが織原さんのことを「もっちゃん」と呼んで親しげに話しかけてきます（織原さんの下の名前は元広さん）。小さな町ですので、みんながお互いに知り合いなのです。

このコースを一緒に回るときには、私は、自分の仕事に誇りと満足を感じることができます。なぜなら、お客様の反応を見ていると、ほんとうに喜んでくれている、役に立っていると感じることができるからです。

織原さんも、お買い上げの荷物を家の中まで運んであげたり、家から出てくるのに手を添えてあげたりして、ほんとうに実の親子のように親切に対応をしています。

前回、私が同乗した時も、和菓子の最中が欲しかった九〇代ぐらいのおじいちゃんがいたのですが、あいにく車には載っていませんでした。そこで織原さんは商品の補給に店まで帰った時に忘れずに積込み、わざわざ戻っておじいちゃんに届けてあげたのです。ひとつ百数十円ですので、ビジネスの効率からいうと「ガソリン代も出ない」という、いわば完全にボランティアです。しかし織原さんにとっては、まさにこういう親切こそが欠かせないこだわりの部分なのです。

別にその日のうちに最中を食べなくても、栄養学的におじいちゃんは困るわけではありませんが、織原さんの思いやりは、確実におじいちゃんの心に響いて元気をお届けできたのだと思います。

他にも、ある販売ポイントでは、いつもおばあちゃん七、八人が待ってくれています。おばあちゃん同士で車椅子を押して来てくれている人もいます。車が来るまでにすでに、おしゃべりの花が咲いているのでしょう、「もっちゃん」が到着すると歓声があがり、さっそくお買い物が始まります。

それぞれイメージしていた野菜や果物、魚、豆腐や牛乳などをササっとカゴに入れ、他の人にも「これおいしいでよ」とお勧めをしたりしています。勧められたおばあちゃんは「ほな食べてみよか」と言って答えますが、そんな会話で周囲は笑いに包まれます。なんでもない会話で笑いがおこるのは、人間関係が穏やかで幸せな証拠なのでしょう。

私が、いつもこんなに楽しそうに井戸端会議をしているのか、と聞いてみたら、意外にそうでもなく、とくし丸が来はじめてから定期的にみんなが顔を合わせるようになったとのことでした。

車椅子に乗った最長老のおばあちゃんに話しかけたら、「楽しいでよ。ほんまにありがたい」と涙ぐみながらおっしゃっていたのが印象に残りました。

私は長年、市議会議員として、行政による地域コミュニティ復興の政策を見てきましたが、こんなに血の通ったあたたかい場面は見たことがありません。これは明らかにソーシャルキャピタル（社会関係資本）なのだと実感するのです。

私は、「何でも民間委託」という昨今の行財政改革の流れに与するものではありません。採算は取れなくても、公でカバーすべき分野もあります。そういった分野まで自由競争にさらされると、安かろう悪かろうで、挙句の果てにワーキングプア（貧困労働者）を量産しているだけ、といった流れを多く見てきたからです。

しかし、織原さんの車に同乗していると、やはり本来は民間の経済の中にこそ、現実の生活に根付いたソーシャルキャピタルがあって、人々の暮らしが回っていくのだろう、ということを考えさせられます。

この中島地区の最近の町の変遷を見てみたら、まさに買い物難民を生み出す典型のような歴史を辿っていました。

中島地区には、ほんの十数年ほど前までは駅前に小規模のスーパーがあって、買い物はみんなそこで間に合っていました。ところが、町を貫くバイパス道路ができてからは、郊外の大型店に車で買い物に行く人が増え、この店は撤退してしまいました。

その後、バイパス道路に面した、比較的近いところに大型店ができ、歩きでは遠いとはいえ、そのスーパーまで行って買い物を間に合わせていたのですが、そのスーパーも数年前に撤退し、中島地区には、徒歩や自転車で行けるスーパーは一軒も無くなってしまったのです。

行政も手をこまぬいて見ていたわけではありませんでした。那賀川町を統括する阿南市は、「なかちゃん号」というミニバスを出し、市の中心部の病院やスーパーまで送迎するというサービスを始めました。

これは今でも運行しているのですが、皆さんの話を聞いていると、本数が限られている上に、やはり公の場であることを意識すると、着替えもしなければいけないし気も使う、ということで、「ありがたいけど使い勝手は悪い」という声が圧倒的に多いのです。そんなわけで中島地区は、恒常的に「買い物に困っている地区」だったのです。

そこに織原さんの「とくし丸」が走り出したのですから、皆さん手を打って喜んでくれたのです。とくし丸では着替えなど気にすることはありません。農作業で泥のついた服でも気兼ねなく買うことができます。広い店内を歩き回って、豆腐一丁買うのにくたびれ果てるということもありません。何よりも、頼れるいつもの「もっちゃん」とのコミュニケーションは心の拠り所でもあり、人によっては食料のみならず情報のライフラインでもあるのです。

これが週に二回、三日に一回のルートとして可能なのは、やはりビジネスとして成り立つということが大きい要素で、ボランティアや行政施策ではなかなかこうもいかないでしょう。ここがソーシャルビジネスの存在意義なのだと思います。

なにはともあれ、今ではすっかりとくし丸は、中島地区では無くてはならない存在となり、もっちゃんは、コミュニティを支える綿あめの芯棒のような役割を果たしているのです。

はじめに「理念」があって、それを実現するための「ビジネスモデル」があって、実際の現場での取り組みがあって……。その過程はとてもたいへんですが、そこにはそれぞれの段階で関わる人間のクリエーティビティが発揮され、それが現実の中で役に立っていくという喜びがあります。しかもこのプロジェクトを、チームで励まし合いながらやる、というところに、私は確かな「ハッピー」を感じるのです。

第五章　希望を作るソーシャルビジネス論

魚群迫る大海原はどこにあるか

開拓歩きなどに出かける途中、新しくできたラーメン屋さんやカフェなどを見かけると、住友社長は決まってため息をつき、「出来過ぎ」とつぶやきます。徳島という狭い商圏の中で、ラーメンを食べたい人や、おしゃれなカフェでくつろぎたい人の数は限られているのに、新しく開業しても苦戦するだけ、それが目に見えているのになぜそんな激しい闘いの中に飛び込んでいくのか、ということを言いたいのです。

開業する人はもちろん、「これだけおいしいラーメンなら人が来てくれるに違いない」と思って始めるわけですが、冷静に考えてみると、徳島の中で、「時々ラーメン屋さんに行く」という「ラーメン屋ユーザー」の数がもし三万人いるとしたら、そのおいしい店が新しくできることによって三万五〇〇〇人に増えるということは考えにくいわけです。つまり、三万人のユーザーを何軒のお店で取り合うか、という競争の中に新規参入するわけですからたいへんなのです。

このように、新しく何かのビジネスを始めようとするときには、「市場性の見極め」ということが不可欠になってきます。イメージだけで「やりたい」と思っても、一歩立ち止まって冷静に市場性を考えてみるべきです。いくら自分の思いがあっても、既に飽和状態の市場や先細っていく市場に参入するのは悲劇のはじまりです。

基本はやはり、これから膨らんでくる市場に入っていくことです。同じ釣堀の中で、他の人とひしめき合いながら釣り糸を垂らすのではなく、大海原の中で、新しい魚群が迫っていて、しかもまだ釣り人の姿を見かけないようなポイントに腰を据えるのが理想です（まあそれが簡単に見つかれば苦労は無いのですが……）。

一方、そんな「環境としての市場」だけではなく、「自分で市場をつくる」という方向もあります。アップルコンピューターの技術者、ビル・アトキンソンは「表現したい人のまわりには必ず小さなマーケット（市場）がある」と言ったそうです。その小さなマーケットで「食っていける」かどうかはやってみないとわかりませんが、新しい仕事がまったくの孤独状態ということは無く、必ずその発信は、誰かには響くということなのでしょう。経営学で有名なドラッカーの言葉でいうと「顧客の創造」ということでしょうか。

新しい価値のあるものを作り、それを周りが認めて「欲しい」と思わせたら、それは自分で市場を作ったということになります。人は知らないものには欲望を感じません。フェラーリを知らないおばあちゃんが、フェラーリが欲しくてたまらない、ということはあり得ないのです。テレビでおいしそうなイタリア料理を見てはじめて「あんなの食べてみたい」と欲望が湧いてくるのです。ましてや今、世の中に無いものには、誰も欲望を持っていません。新しい価値の創造とは、新しい欲望の創造であり、それが新しい顧客（市場）を創造していくのでしょう。

徳島発祥の企業に大塚製薬がありますが、この大塚製薬の代表的な製品に「ポカリスエット」

があります。この飲み物が世の中に売り出された時には、はっきり言って誰もこんな水のようなものにお金を出すとは考えられませんでした。私自身もはじめて飲んだ時にはウエッと吐き出しそうになって、これはスポーツをする時の特別な薬のような飲み物なのだろう、と認識したものです。それが今やどうでしょうか。大袈裟ではなく国民に無くてはならない飲み物として、夏には毎日のように「おいしく」いただいているのです。これが「顧客の創造」というものでしょう。一度はおいしくないと思ったものまで、おいしいと感じるように教育してしまうのですから。

こうして見てみると、人間の欲望の形というのはいつも一定ではなく、変化するものなのでしょう。欲望には限りが無いといいますが、それは量的なことだけでなく、質的な変化も含めてそうなのだろうと思います。

ただ、では人間が何にでも新しいものに欲望を持つのかと言えば、それもやはり違って、そこには神のみぞ知る厳格な法則があって、その法則に沿ったものしか認められないのです。おいしいと思う飲み物は、やはりそれまで知らなかっただけであって、人間にはそれをおいしいと思う能力がインプットされていたのを「掘り起こした」のだと思います。この「欲望の掘り起し」もまた、「マーケティング」と言われる活動の一環になるのかもしれません。

こうしてみると、ニュービジネスにとって有効な市場性とは、今既に出回っているものではなくて、これから必要とされるものの芽をいかに見つけ出して、そこに新しい価値の提案をできるかどうか、ということにかかっているのではないでしょうか。

それは「ソーシャルビジネス」でも同じことが言えると思います。いやソーシャルビジネスでいう顧客の創造とは、徒に欲望を刺激して財布のひもを緩めさせるような類のものでなく、哲学的に言えば、人間の「善」なる欲求を満たすような、新しいポジティブな地平を切り開くものだと思います。そこが従来のビジネスと違うソーシャルビジネスならではのマーケティングであり、難しいながらも一番楽しい部分なのです。

移動スーパーの市場

農水省の研究機関である農林水産政策研究所によると、全国に買い物難民は六〇〇万人以上いるといいます。この統計の基準は、食料品店から五〇〇メートル以上離れていて、自家用車を持たない人ということです。もちろん、何を持って「困難」とするかは人それぞれでしょうから、この六〇〇万人すべてが「困っている」と自覚しているわけではないでしょう。ただ客観的な環境として、それだけの買い物難民、もしくは買い物難民予備軍が存在するということです。この基準を徳島県に当てはめてみると、およそ七万人になります。

私たちの師匠である鳥取の「あいきょう」は、わずか七〇〇〇人ほどの集落に五台の移動スーパーが活躍しているのですから、これを徳島県の人口八〇万人弱で割ると、実に五〇〇台以上の移動スーパーのニーズがあるということになります。ただ、あいきょうのある江府郡は、ほぼ全域が山間の坂の多い土地ですので、単純に当てはめることはできませんが、これを一〇分の一としても五〇台ぐらいのニーズはありそうです。五〇台で七万人をカバーしようと思ったら、一台一四〇〇人です。一台につき必要な顧客は一五〇から二〇〇人ぐらいですから、一四〇〇人ぐらいのターゲットの中から、一〇〜一五％の人に顧客になってもらえればいいわけです。

この数字だけを見れば、このビジネスは「いけそう」です。ただ、これは公のデータに元づく単純な机上の市場予測です。研究所のホームページにはＰＤＦで詳しいレポートが載っていて、ものすごい労力をかけて調査したのが分かりますが、なんのことはない、ここでの買い物難民の基準は「お店から五〇〇メートル離れていて車を持たない人」というそれだけの事実なのです。なので、たしかにこういうデータは、マーケットを考えるうえで最低限おさえておくべき情報でしょうが、これをもってして判断材料とするには早計に過ぎます。

そこで、もうひとつのマーケティングリサーチとして、実際に近い業種からヒアリングをする、という方法があります。できるだけ近い条件の業種に実際に携わっている人から話を聞くことができればベストです。

私たちは、同じ徳島県をエリアとして、数年前から移動販売を展開している豆腐屋さんの社長に話を聞くことができました。この豆腐屋さんは、自然食品のおいしい豆腐を中心に大豆系の食品を製造し、店舗と移動販売車の二つのチャンネルで営業をされていました。

社長の話によると、県下全域をなめるような、かなり広い範囲で一日中移動をして、ピンポイントでお客さんの所を回っているとのこと。顧客探しは紹介や飛び込みで、一台につき二カ月ぐらいあれば見つかってくる、一日の売上高は、いい日であれば八万円ぐらいはいくとのことでした。

社長の話から私たちが確信したのは「ビジネスとして成り立つ移動販売のマーケットは存在する」ということです。ただ、いまだ掴みきれないのは、では「豆腐」と「移動スーパー」が同じようにいくかどうか、という点です。それと、数台で県下全域というのではイメージが違います。私たちのビジネスモデルは、県下で数十台は走らせたいということですから、どれくらいの人口と密度で一台が成り立つのか、という点が見えてきません。

他にも、野菜の移動販売をしているトラックの情報を聞き、その時間に待ち伏せをして、販売員のおじさんに話しかけたりしたのですが、これは邪険にあしらわれて失敗しました。まあ当然ですね。誰もが親切と思ったら大間違いですから。

インターネットで県外のあちこちの移動販売業者を調べて、電話をしたり訪ねて行ったりもしました。しかし、どこも対象の顧客は存在するものの、ルートの効率が悪かったり客単価が低かったりと、なかなか採算の面で苦労をしているという反応でした。

いろいろと調べて分かったことは、「需要はある」ということです。移動スーパー一台単位であれば何とか採算も取れるでしょう。ただ、私たちは移動スーパーのネットワークを網の目のように広げていくという発想ですから、本部機能が成り立たなければなりません。本部が「食っていけるか」ということです。

現状でそのレベルの需要があるかどうかは結局、「やってみなければわからない」という結論でした。まあ考えてみれば当たり前のことです。これまでどこにもない新しいビジネスなのですから、過去や現在をいくら調べても用意された答えは無いのです。ただ、やはりいろいろと調べていく中で、そのデータや経験談に頼るのではなく、判断するための要素を、少しでも自分のなかに蓄えておくということが大切なのだと思います。

もちろん、判断を狂わせるようなデータや情報もありますから注意が必要です。私たちも、いろんなデータだけから予見すると、「もっと楽にお客様は見つかるはず」だったのですが……。

地域密着人口「増」の時代

これからの経済を考えるうえで、欠かせない一番大きな視点は、やはりかつてない少子高齢化と、それにともなう人口減少時代の到来でしょう。

過去の経済成長の背景には、急速な人口増加と技術発展という時代の大きなうねりがありました。消費人口がどんどん増えるわけですから、モノは作れば作るだけ売れます。昔、商売で儲けた人の話を聞くと、商品が良かろうが悪かろうが、とにかく店に並べれば何でも売れた、と冗談交じりでいいます。それだけ経済を押し上げる消費の力が大きかったということなのでしょう。

しかし人口増加は二〇一〇年の一億二八〇六万人でピークを迎え、ついに人口減少の社会に入りました。これから消費人口という全体のパイは小さくなっていきます。「成長神話」という言葉がいわれますが、こういう時代の到来を受けて、今までと同じような経済成長を前提とする経営計画や、それを遂行する責務を負う人たちは、時を経ずして行き詰まり、破たんするのが目に見えているのではないでしょうか。

やはりこれからは、闇雲に右肩上がりの成長を追いかけるのではなく、持続可能性……横文字で「サスティナビリティ」を第一に考えた経済を、官民ともに国家目標として創っていかなければならない時代になっているのだと思います。

そんな時代の中でニュービジネスは、どういうマーケットに対してターゲットを見据えていけばいいのでしょうか。

千葉大学教授の広井良典さんは、著書『人口減少社会という希望』の中で、これからは「地域密着人口」が増えていく時代であると指摘しています。

広井さんによると、「地域密着人口」とは、一言でいえば高齢者と子どもです。高齢者とは一般的に六五歳以上を指しますが、ようするにその年齢は、会社を退職して、昔でいえば「隠居」をする年齢ということです。それまでは「就業人口」と言われるように、彼らの生活は家と会社の行き来を日常として、「地域」との関係は希薄でした。

地域は彼らにとって「寝に帰る所」で、そこで消費をしたり、文化的な活動をしたり、コミュニティに関わったり、という場所では無かったのです。

ところが、退職後はその行き来がなくなるので、生活圏は「地域密着型」へと移行していくだろう、というのです。買い物や外食、また病院や散髪などにしても、自分の家の近くで済ませる、という人が増えてくるという予測です。

とはいっても、まだまだ自動車の運転もするし、一気にそうはならないと思いますが、それにしても年々、そういう傾向が進むのは間違いがなさそうです。

また、もう一方の子ども（定義は一五歳以下）の生活圏は、説明の必要もなく「地域密着」です。地域の学校や習いモノに通い、地域の遊び場をうろうろとする地域密着世代です。この高齢者と子どもを足して「地域密着人口」と見ているのです。

国勢調査や将来推計人口のデータによると、この高齢者と子どもの合計が、二〇〇〇年を底に増加に転じ、二〇五〇年までは上がり続けます。つまり、戦後から現代までは「地域密着人口が減り続けた時代」であり、逆にこれからは、「地域密着人口が増え続ける時代」に突入するということなのです。これは予測では無く事実です。そしてこの事実こそが、これからは「ローカル経済の時代」である、という主張の根拠になっています。

「地域密着人口が減り続けた時代」には、地元の小さな商店などは見る見る失われていき、逆に郊外型の巨大な駐車場を備えたディスカウントチェーンや、ショッピングモールが次々と生まれてきました。いまや地元の「小さなお店」は、絶滅危惧種か骨董品のように、ポツポツと見受けられるだけで、住宅街は昼夜を問わず人の気配が無く、ガランとしています。これが、地域密着人口が減り続けた時代の風景でした。

「サザエさん」や「三丁目の夕日」に描かれる、人間味あふれる昭和の時代から、ずいぶんと遠い寂しい場所に来てしまったものです。昭和レトロに憧れるのは、単なる郷愁ではない、どこか人間の根源的なニーズに即したところがあるようにも思えます。

ところが、これからはその昭和、平成と一貫して進んできた「地域密着人口減」の時代が逆転して、「地域密着人口増」の時代に突入したというのです。

実はこれは、私たちの開拓歩きでも日々実感していることなのです。先にも触れたような、昭和四〇年代から次々と開発された新興団地を歩くと、ほとんど近い世代の方々が暮らしています。開発され売り出されたときに、三〇代か四〇代の働き盛りの人たちが家を建てて住み始めたのですから、近い世代が住んでいるのは当たり前なのです。

そんな団地を一軒ずつ、ピンポンを押しながら歩いていると、玄関に出てくるのは女性と男性が半々ぐらいです。その世代は、世帯主である「お父さん」がほとんど退職しているので、みんな家にいるのです。家の前の通りはガランとして人気がありませんので、まるでミツバチの巣の各ブースに、六〇代後半から七〇代の男女が一組ずつ入っているような感じです。時々お腹を空かしては、蜂が蜜を探しにいくように、駐車場から車に乗って買い物に出かけていくのです。

お父さんは、家の近くに、お店や人の集まる場所などの「適当に出かけていく所」がないので、仕方なくずっと家にいるのです。

こういう状況のところに、今、「団塊の世代」がドッと入り込んでいます。これからは爆発的に「ずっと家にいるお父さん」が増えてくることは間違いないでしょう。

こうして私たちが日々実感しているのは、確実に「地域密着人口」が増えているということなのです。ただ言えるのは、まだこういう人たちが「地域を生活圏として活動を始める」には至っていないということです。そのニーズに応えられるようなインフラがないので、家にじっとしていて時々車で出かけるより仕方がないのです。いうなればこの新参の「地域密着人口」は、まだ地域に「戻ってきただけ」で、「ローカル経済の担い手」にまで変身しているわけではないのです。

しかし、この人口動態がこれからの時代の動かしがたい大きな流れなのだとすれば、この人々を取り巻く経済環境が今のそのまま続くことはあり得ません。自由経済の中では、ニーズのあるところには自然に供給が生まれてきます。

ましてやこの世代も、いつまでも車を運転するわけではないでしょう。もちろん九〇代まで運転している人もいますが、運転というのは、もともと事故リスクがあり緊張もしますので、たいていは、わずらわしくなってくるものです。体力も若い頃とは違ってきます。いうなれば「ムーバビリティ（移動力）」が徐々に低下してくるのですから、自ずと活動範囲は手近で済ましたい、という傾向になってくるはずです。

こうして見てくると、一旦は滅びたサザエさん的な地域社会が、再び姿を変えて復活してくるかもしれない、と見るのは私一人の妄想でしょうか。そうではなく、「動けなくなればみんなが高齢者施設」で、見渡せばコンビニと高齢者施設だらけ、という今の地方の風景が、もっと極まで進むのでしょうか。

「決まった未来」はないと思います。需要と供給のバランスの中で、各ステークホルダー（企業、顧客、関係者、地域社会など）が、どのようなライフスタイルを提示し、選んでいくのか、そのクリエーティビティによっては、人間味豊かな生活圏を復活させていくことも可能だと思います。そこを、儲けの論理一辺倒にしない、させないために、ソーシャルビジネス的な思想と発想の転換が求められるのではないでしょうか。

我々の移動スーパー事業は取り組みはじめてからほぼ三年になります。初期のころは堅い土を掘り起こすような苦労も感じましたが、最近では知名度も上がってきて、このところ一気に問合わせやお客様からの口コミ紹介が増えてきました。高齢者関連施設やケアマネージャーさんからも、ほとんど毎日のように、エリアの問合せやお客様の紹介があります。

我々のビジネスモデルは、地域に暮らす販売パートナーさんが、地域資本のスーパーと協力して地元を回り、地域のお客様だけを相手に商売をする、まさにローカル経済そのものです。市場にローカル経済を受け入れる素地ができてきた、ということなのだと思います。

これからは、かつてコンビニが、時を経ずして普段の買い物のチャンネルとして受け入れられたように、移動スーパーで買い物をすることが、違和感のない日常の風景になっていくのは間違いないと思います。「はじめに」でも言いましたが、「買い物難民」という言葉は、数年のうちに忘れさられた言葉になっていくのではないでしょうか。

さらに私たちは、コンビニがそうであるように、食料品に限らず、生活のあらゆる面でのサービスを提供できるような総合サービス業が可能ではないかと考えています。現に今でも、衣料品や布団などの注文、お歳暮、お中元、クリスマスケーキやおせち料理など、お客様から出てきた要望に追い立てられるようにして、取り扱い品目が増えてきています。もっと全体の仕組みのみがきがかけられれば、さらに多様なサービスの提供が可能になってくると思います。

しかもそこには、週に二回顔を合わせる文字通りフェイストゥフェイスの、家族のような信頼関係ができています。お客様も安心して頼むことができますし、我々も「売りっぱなし」はあり得ないので、やはり自分の親に対するような誠実な対応を、自ずと心掛けるようになります。販売パートナーとお客様の、まさにＷＩＮ‐ＷＩＮの関係です。提携スーパーも含めてみんながハッピーになる、これまでになかったビジネスモデルと言えるのではないでしょうか。

買い物難民の市場はブルー（憂える）オーシャン？

最近、ビジネスの戦略論として「ブルー・オーシャン」という言葉が頻繁に使われます。血で血を洗う競争の激しい既存の市場「レッド・オーシャン（赤い海）」に対して、いまだ競争の無い未開のフロンティアを指してそう呼んでいるようです。

我々が今、切り開いている移動スーパー事業という市場は、そういう意味ではまさにブルー・オーシャンなのだと思います。競合相手はまだ無く、市場は今後大きく膨らんできます。ただ私は、このブルー・オーシャンは、けっして喜ばしい青い海ではないと思います。買い物難民という深刻な社会問題を背景にした、「憂える」という意味でのブルー、いわば「ブルー（憂える）オーシャン」とでも言えるのではないでしょうか。

ブルー（憂える）オーシャン戦略は、一人勝ちの大儲けのための戦略であってはならないと思います。みんながやりがいの持てる仕事をシェアして、弱肉強食ではない持続可能な社会の構築に寄与できるような、知恵のある戦略とすべきです。これからは移動販売が主流だからといって、毎日のように必要のない移動販売車が家に押し寄せてくるような、買い物弱者を食い合うレッド・オーシャン化は最悪の事態です。

高齢者の中には、自分で判断の難しい人とか買い物依存のような人もいます。私たちは、「買い過ぎ」と思われるお客様に対しては細心の注意を払っています。これには私も痛い経験があります。ある時、毎回バナナを買うお客様の家のお嫁さんから電話がかかってきて、「家にバナナがいっぱい余っているので売らないようにして欲しい」と言うのです。このお客様は、九〇代くらいのおばあちゃんでした。認知症というほどではないのですが、やはり少し判断力の弱っているところがあったのです。

私はそのことがあって以来、時折、お嫁さんに話しかけるようにして、余らせている物はないかをチェックしています。お嫁さんも、おばあちゃんの買い物自体は、認知予防の意味もあって歓迎してくれているのですが、やはり注意が必要なのです。私たちは他の販売パートナーさんにもこの点は注意を促し、また時々の同乗によって問題がないかをチェックしています。こんなこともあるので、移動販売に携わる人は、基本的に真面目で誠意のある人でないとまずいのです。

このレッド・オーシャン化に関しては、おそらく私の杞憂に終わるとは思いますが、今後、多くの業界が移動販売に参入してくるのは間違いがないでしょう。私は、そういった新規参入の方々に、前記のような点のモラルを心からお願いしたいと思います。まあ最終的には、やはり誠実な事業者だけに淘汰されていくのだと思いますが……。

考えてみれば、すべてのソーシャルビジネスのミッションは、何らかの社会問題というブルー（憂える）オーシャンの未来を、静かで、穏やかで、だけど海の中ではいろんな命が楽しく共存するような、生態系豊かな海に変えていくことなのではないでしょうか。

大資本が市場を食いつぶしていくという、これまでの流れを変え、地域経済の仕組みの中に持続可能性という希望を作っていく……それがソーシャルビジネスのブルー（憂える）オーシャン戦略であってほしいのです。

ムダな事業が町をこわす

私は、このソーシャルビジネスに関わるまでは長く市議会議員をしていましたので、その間、議会の中でずいぶんと行政の施策について批判をしてきました。

行政の公共事業や新しい制度について、無駄や無効であるという論を組み立てて議論をしてきたのですが、頭のどこかでは、ではその「町の活性化」や「困っている人たちへの対策」を、「自分がやれと言われたら大変だろうなあ」といつも思っていたのです。

いうなれば、行政批判をするのは、議員の仕事として無意味ではないけれど、本当に子ども達にとって素晴らしい未来を作って行きたいのならば、どこか無責任感がある、と感じていたのです。

もちろん批判だけでなく、いろんな「建設的」な提案もしていましたが、それとてやはり口だけです。口だけで言うのは簡単ですが現物を作るのは大変です。

そんな訳で私は、いつか現実の社会の中に、口だけじゃなく「実物」を作ってみたい、と思っていました。それは施設でもいいし制度でもいいのですが、「だったらお前がやってみろ」という自分自身への問いに対して、いつか答えてみたいと思っていたのです。そんな思いがありましたので、この移動スーパーネットワーク事業は、私にとって、そういう意味での個人的なミッションでもあるのです。

そういう前提があってのソーシャルビジネス論ですから、私はこの本の中に行政批判を書くかどうか迷っているところもありました。何だか政治行政を責め立てても、どこか空しく、それが現実を変えるための何かの役に立つとは思えなかったのです。

だけど少し考え直してみると、逆にこれだけ自分達で「実物」を作ってきた今だからこそ、もっとリアリティをもって批判できることも見えてきたような気もします。それは批判というよりも（ずいぶん上から目線ですが……）「教えてあげる」という感じです。「役所ムラ」や「議会ムラ」の中だけで生きているムラの人たちには、ほんとうに見えていないもの（見ようとしないもの？）が多くあるのです。

前著「希望を捨てない市民政治」もそうなのですが、私の目指したい所は、哲学を生活の現場につないでいく「実践知」のあり方を、経験を通して考えていくということです。

「実践知」とは、アリストテレスなどの古典哲学に出てくる概念ですが、要するに机上の理屈ではなく、実践の中から生まれてきた、本当に現場で役に立つ知恵のことだと、私なりに理解しています。この実践知を目指すというポジティブな意味で、少し紙面を割いて、行政のあり方を考えてみたいと思います。

行政施策とは何かというと、一言で言い切ってしまえば税金の使い方です。みんなで出し合った税金をどういうところに使うのか、ということです。税金をみんながハッピーになるための制度や公共工事に使う、その仕事をするのが行政です。

長年、市議会議員として行政の仕事をウォッチしてきた経験から私が強く思っているのは、この税金がもっと適正に使われていれば、今より何倍もハッピーのベースを作ることができるのに、ということです。

ひとつは、ありきたりですがやはり想像以上に「ムダ」が多すぎます。市民のハッピーには何の効果もない事業にジャブジャブと税金が使われているのが実態です。もっというと役に立つどころか、そのムダな事業が環境破壊やコミュニティ破壊、未来のための財政破壊といった「害」まで及ぼしているということです。

なぜ必要性の無い公共事業が多いのかと言えば、一つの理由は、悪い意味の「百年の計」のためです。行政は個人の生活とは違って、長い目で見た町づくりや制度づくりに取り組まなければなりません。町づくりは長期計画でなければ、なかなか即席ではできないものです。そこで道路計画や河川計画などの長期計画を策定し、それに則って粛々と工事を推し進めていくのですが、その計画自体がムダのかたまりなのです。

いくら百年の計とは言っても、それはその計画を立てた段階での社会事情を反映したものになっています。しかし、政治経済の状況も、国民の要求も、日々刻々と変わっていくものですが、その計画だけが変わっていないために、いつの間にか「計画のための計画」になってしまっていて、ムダな事業と言われるようになるのです。

例えば、私も少し関わっているのですが、東京都初の公共事業を問う住民投票として有名になった東京都小平市の三二八号線都市計画道路があります。これは昭和三八年に策定された計画です。実に五〇年前の都市計画によって、市民の憩いの場である雑木林がなぎ倒され、玉川上水の景観が壊されようとしているのです。

必要性を喧伝するパンフレットには、自動車の交通量が、平成四二年までに二二パーセントも増加することが示されています。その根拠となるデータのおかしさが市民団体の分析によって論破されていますが、常識的に考えて、人口が減少しはじめているのに、これから二〇年間も自動車だけが増え続けるとは考えられません。一人が何台も車を持つ時代が来るとでもいうのでしょうか。それにしても二台の車を同時に運転できる人はいませんから、単純に過去の増加量に照らして交通量が増えるというのは、誰が考えてもおかしいのです。

この事業の必要性に関して、住民の声を聴いてほしいという住民投票の請求は、民主主義の中で当たり前のことだと思いますが、行政はあの手この手で計画をゴリ押ししようとしているようです。

今、とくし丸が走るエリアに川内町という町がありますが、この川内町も最近、三〇メートル幅の都市計画道路が完成し、町が東西に分断されました。私も道路ユーザーであり自動車ユーザーである立場からいうと、確かに便利になりました。幅の広い新しい道路を高速で通り抜けられるので気持ちがいいのです。

ところが、この川内町を開拓で歩いている時に出会った一人のおばあちゃんの話を聞いて、それは一面的で傲慢な見方なのだと気付かされたのです。

おばあちゃんの話では、この都市計画道路ができる前は、目の前に小さな商店があって、そこまで乳母車を押して買い物に行くのが日課だったというのです。そして近所から同じようなおばあちゃんたちが集まってくるので、井戸端会議に花が咲き、気がついたら半日も経っていたこともあったというのです。まさにおばあちゃんたちのコミュニティセンターです。

それが、都市計画道路で分断されてしまって、目の前の店に行くのに、一〇〇メートルも先の横断歩道まで行って道路を渡らなければならなくなったというのです。そして、これは若い健常者には想像もつかないことですが、乳母車を押す高齢者の人には、横断歩道を渡ることは恐怖なのだというのです。すたすたと歩ける人間は、まさか、信号が変わるまでに渡りきれないかも、などとは心配しませんし、変わりかけたら走って渡ればいいと思います。ところが、乳母車を押す高齢者の人にとっては、渡りきるまでに信号が変わるのが恐ろしいのです。ましてや幅三〇メートルの、信号の少ない高速道路のような新しい道路ですから、車の方も八〇キロ近くまで飛ばしています。若者には何でもないような道路でも、乳母車のおばあちゃんにとっては命がけの移動なのです。そんな訳で、その小さなお店はお客さんが来なくなり、道路開通後、一年も経ずして閉めてしまったそうです。

哲学者の國分功一郎さんの著書『暇と退屈の倫理学』に、理論生物学者ユクスキュルの「環世界」という概念が紹介されています。「すべての生物は別々の時間と空間を生きている」というのです。例えばカタツムリの時間と空間、魚の時間と空間、ダニの時間と空間はそれぞれにまったく違うということです。

私たちが水の中の魚の動きを「ものすごく速い」と感じられるように、カタツムリから見たら我々人間は、まるで水の中の魚のように猛烈なスピードで動き回る生物に見えるのかもしれないのです。そんな風に、それぞれに生きている「環世界」が違うというのです。

そんな視点から見てみると、乳母車を押すおばあちゃんは、時速一、二キロの環世界です。時速一、二キロの環世界の中で食べ、動き、話し、生きている。ところが自動車というのは時速六〇キロ以上の環世界です。その土地の風景や動物、路傍の小さな花、人間の表情など、すべての小さなものを切り捨てて猛スピードで走り抜ける環世界です。

この世界は、いろんな生き物の環世界のレイヤーを重ねて存在しているのです。ところがこの都市計画道路は、自動車の環世界だけにしか奉仕していません。計画者たちは、この道路が乳母車の環世界を破壊して成り立っている、などとはまったく想像力の及ばないところなのでしょう。本来、税金の使い道は、いろんな環世界の調整であるべきものですが、現実は、一部の「声の大きい人」の利益のためだけに使われているのです。

また、私が市議時代に長年取り組んできた問題に、徳島市の「鉄道高架事業」があります。実に七五〇億円もの事業費をかけて既存の鉄道を高架にしようという計画ですが、これもまた、事業採択がなされたのが昭和五一年、今から四〇年近く前です。昭和五一年といえば、モータリゼーションがどんどんと推し進められ、車が一家に一台というのが、当たり前の現実になってきたころです。道路整備が直接、経済成長に寄与するという時代でした。この鉄道高架事業は、そういう時代背景の頃に立てられた計画なのです。

ところが今や当時とは違って、人口は減っていく時代です。自家用車も、一人一台の時代を達成していますので、すでに飽和状態です。そして超高齢化社会の到来です。これからは、自動車の運転を卒業した高齢者が、爆発的に増えてくることを見越した町づくりにシフトしていかなければならない時代です。そんな社会の大きなトレンドにもかかわらず、四〇年前のままの町づくりに、七五〇〇億円もの税金を（その多くは未来の子どもからの借金で）使おうというのですから、とても正気の沙汰とは思えません。

この鉄道高架事業はすでに第一期工事が終了しています。まさに私が住んでいる地域がそのエリアになるのですが、その影響を検証してみると実に問題だらけなのです。唯一のメリットは、当たり前ですが踏切での待ち時間がなくなったことです。一方、デメリットを上げるとキリがありません。

高架下はフェンスで囲われ、それまで一体だった町が完全に分断されてしまいました。そしてフェンスの中には誰も入れませんから、ゴミが投げ込まれてゴミ溜めのようになっています。また、両側の側道と交わる交差点は、車同士がどう交わしていいか分からず、接触事故が多発して、警察が大きな注意を促す看板を掲げています。

高架以前に賑わっていた駅前の商店は、たんなる通過ポイントになってしまったために、すっかり寂《さび》れてしまいました。

そういう現実の結果を直視せず、ただ計画があるからという理由だけで、さらに七五〇億円も投入しようとしているのです。

もっと根本的に考えてみると、「これ以上、早く移動できるようになって、それで幸せになるのか」ということです。答えはノーでしょう。国家レベルでは、これからも、リニアモーターカーの開発などに莫大な予算がかけられるようですが、もうこれ以上いくら早く移動できるようになっても、それが人間の幸せにつながらないのは、誰もがどこかで感じているのではないでしょうか。それなのに計画だけは変わらないのです。

現実とかい離した行政の対策

そんな行政の中で、今、全国一斉に「買い物難民」に対する対策が講じられようとしています。買い物難民が社会問題としてクローズアップされる中で、行政としても無策というわけにはいかなくなってきているのでしょう。しかしその中身を見てみると、やはり決定的に「持続可能性」の観点が抜け落ちていることに気づきます。

例えば、徳島県でも三好市は、その大部分が山村で過疎が深刻に進んでいますが、ここに県が買い物難民対策として一八〇〇万円の予算を付け、シルバー人材センターに事業の委託をしました。

地元スーパーの商品をデータとしてiPadに入れたものを持って、対象となる高齢世帯へ出かけ、ご用を聞き、注文の品を買って届けるという事業です。

事業期間は八カ月間。利用した世帯は四五軒でした。購入額は八カ月の総計で約五五万円。受注回数は三六〇回だそうです。四五軒の世帯が八カ月間のうちに三六〇回、計五五万円分の買い物をするのに、一八〇〇万円の税金を使って「買い物弱者対策」としているのが行政の実態なのです。しかもサービスは八カ月で終わり、その後は考えていません。ちょっと意地悪な計算をしますと、例えば三六〇回のお買い物をするのに、毎回三〇〇〇円分のタクシー代を補助してあげても、一〇八万円で済むのです。一八〇〇万円が、持続可能な事業の「初期投資」であれば話はわかります。しかし結果はやりっぱなしの単発事業です。

事業に関わった人は思い入れを持ってされていると思いますので、批判をするのは心苦しいのですが、こういう単純な計算をするだけでも、この一八〇〇万円がまったくムダに捨てられているような使い方をされているのがお分かりになると思います。

ちなみに私たちのとくし丸は、一台で一カ月二〇〇万円程度の売り上げがありますが、一台作るのに三〇〇万円です。一八〇〇万円あれば六台作ることができます。六台あればおよそ一〇〇〇世帯の買い物弱者をサポートすることができるのです。しかもビジネスモデルとして収支が自立していますので、補助金の追い足しがなくとも「持続可能」です。

この三好市の事業は「緊急雇用対策」でもあるので、そちらの意味からは別の観点もあるでしょうが、それにしても一八〇〇万円の予算が尽きたら終わりの事業です。協力したスーパーの経営者に話を聞いたことがあるのですが、すべての商品の写真データを作るのはたいへんな作業だったそうです。一八〇〇万円の予算を使って、関わる人たちが膨大なエネルギーを費やし、わずか八カ月ほどで終わることが最初から分かっている「買い物難民対策」って、一体なんなのでしょうか。

これは皮肉ではなく、一八〇〇万円は担当される方々の給料であって（私はその重要性は否定しませんが）、けっして買い物難民対策にはなっていないと思います。一番の問題は、行政が、このような事業をもって「買い物難民対策は為されている」としていることです。議会などから買い物難民対策の質問が出たら、担当者が、待ってましたとばかりにこの事業の説明をするのが目に浮かびます。そして思考停止の議員たちが、よろしい、と納得するのでしょう。この程度のやり取りが延々と続いているのが地方議会の実態なのです。

国もやはり「持続可能性」の観点に欠けているように思います。

平成二四年度の補正予算で、経済産業省が「地域自立型買い物弱者対策支援事業」として十億円の補助金を用意し、利用者を公募しました。その要件を見てみると、地元の行政と提携していて、移動スーパーの車両を作るような「新規性のある投資」に限定されています。提出書類は、生鮮品を扱う店がないことを証明するような買い物困難エリアマップなどを添付しなければなりません。そして金額の多寡にかかわらず、三分の一は自己負担です。

一見もっともな条件のようにも思われますが、現場の実情を知っている私から見ると、先ほどの徳島県の例ではありませんが、やはり、いかにも霞ヶ関の机上で考えられた内容だなと思うのです。

今、買い物弱者サポートとして現実に一番有効性が高いのは、実は昔から「行商」と言われているような、年季の入った移動販売に携わっている人たちです。八百屋さんや魚屋さんや豆腐屋さんが、軽トラやバンに乗って、定期的に売りに来てくれるのです。そんな行商の人たちは、昔よりそうとう少なくなったとはいえ、まだ過疎地などでは数多く営業しています。先述の三好市でも、市の調査では、一〇以上の業者が移動販売の営業をしていることが確認されているそうです。

彼らは、買い物難民などという言葉ができるはるか以前から、何十年も買い物難民対策を続けているのです。今、その人たちが次々と廃業しています。高齢もさることながら、なかなか収支が立たず、続けることができなくなっているのです。待ってくれている人がいるので、辞めるに辞められない、という野菜売りのおばあちゃんの話を聞いたことがあります。

私は、こういう行商の人たちにこそ、補助金を出してでも続けてもらうのが、一番現実的で即効性がある買い物弱者対策だと思うのです。しかし彼らに、「行政に提携を持ちかけて新規性のある企画をし、買い物難民マップを作って、補助金申請を出しなさい、三分の一は自己資本ですよ」というのは酷です。はっきりいって無理です。

ほとんどの方々が高齢で、いつ廃業してもおかしくないような状態なのです。それよりも、例えばガソリン代を含め、車両に関わる経費は全額補助するなどしてあげた方が、よほど助かるし、現実的な買い物弱者対策になるのは間違いないでしょう。

市民が作るソーシャルキャピタル

このように、なぜ行政の施策には、「持続可能性」という視点が決定的に抜け落ちてしまうのでしょうか。それは、「公務員」という仕事のあり方の本質的な問題に起因しているのだと思います。私は議員として、長く市役所に出入りしていたので分かりますが、公務員さんの中にも、仕事のできる優秀な人はたくさんいます。だけどその人たちの力がうまく駆動していないのです。どこか情熱が空回りしている気がします。なぜそういうことになるのでしょうか。

ひとつは、公務員の仕事の「評価」のあり方に問題があるのだと思います。良い仕事をすれば、民間企業であれば出世やボーナスなどに反映されてきます。個人事業であれば直接、収入にも現れてくるでしょう。ところが、公務員さんは「良い仕事」をしても、なかなか評価を得られる機会がないのです。もともと横並び主義で、先輩からは「余分なことはするな」といわれる風土があります。それに、だいたい二～三年に一度ぐらいは担当部署が変わります。いくらある分野の専門を究めようとしても、すぐに違う仕事をさせられるのですから、積極的にのめり込むモチベーションが出てこないのです。

さらに「無記名性」もあるでしょう。役所の仕事は、後世に無駄な公共事業などと言われても、責任者が記名されていませんので、個人として責められることはありません。それによって立場を守っているのですが、逆に素晴らしい仕事だと褒められる仕事をしても、これもまた「無記名」ですから、個人的な評価が得られないのです。

元三重県知事の北川正恭さんの対談を読んだことがあります。それによると、北川さんが知事になった時に膨大な時間をかけて職員の意識改革をやり、「生活者視点」というコンセプトを考えるなど、いろいろな成果を出したそうです。ところが、彼が辞めた途端に、形状記憶素材のように、またすぐに元の状態に戻ってしまったというような話でした。

これを読んで私は、やはり構造的な問題だと思いました。それは単純に、いくらがんばっても具体的な評価が少ないという、公務員社会の宿命的な問題点なのです。

人間というのは評価を求める生き物です。努力をし、それが周りに評価されて幸せになるのです。そこが欠けていると、モチベーションが下がるのは当たり前です。そんな訳で、役所の中で目立つ職員は、たいていちょっと「変わり者」扱いです。議員時代、担当職員とのやり取りでいくら盛り上がっても、それがほとんど役所全体の方針や改革につながっていかないことを日常的に経験しましたが、それにはそういう背景があるのです。

先述のように、もともと行政の計画は、悪い意味での「一〇〇年の計」で、その時の民意がどうだからといって、変える気も、そのためのプロセスもありません。それとともに、今お話しした構造的な問題があって、変えるためのモチベーション……スイッチがどこにも無いのです。

そのスイッチは、民主主義の論理でいえば、本来は「議会」や「首長」ということになるのでしょうが、その議会や首長の方が、どちらかというと「一〇〇年の計」にあやかって、自分たちがおいしい目にあいたいという人たちなので、どうにもこうにも仕様が無いのです。

とは言っても、そういう現状を嘆いていてもはじまりません。私はやはり、公務員さんたちには最大限がんばってもらいたいと思います。何といっても民間では限界のある領域があります。私たちも民主主義の制度の中で、彼らが現実に立脚した仕事をできるように、自らの体と頭を動かしていかなければならないと思うのです。

政治行政のあるべき改革論はまた別の機会にするとして、やはりここで考えなければならないのは、社会問題をそんな行政に任せるばかりではなく、自分たちで解決していく第三の道だと思います。

「ソーシャルキャピタル」という言葉があります。社会資本、または社会関係資本と訳されますが、要するに、人間の信頼関係を基本にしたコミュニティの絆で、それが地域で生きていく上でのセーフティネットであったり、人間らしく生きていくための基盤といった意味で使われます。

私はこのソーシャルキャピタルを、行政ではなく市民主体で作っていく、という道にこれからの希望を感じます。そしてそれがまさにソーシャルビジネスの目指すべきところなのだと思うのです。

ただ、経済学者の神野直彦さんは、編著『社会起業入門』の中で、「社会起業はグラスルーツ(草の根)でなければならない」としています。そして「財源節約のために、上からパブリック・セクター―がボランタリー・セクターを活用することを企図したのでは、それは政府による支配であって、社会システムの自己統治ではない」と言います。

少し難しい言い方ですが、要するに、市民の作るソーシャルキャピタルは、市民自身が市民社会を強化するために創造するのであって、行政が行き届かない部分に都合よく利用されるようなものであってはならない、ということです。「市民エンパワーメント」とでも言うのでしょうか。

ハッピーは、何も努力せずに誰かから与えられるものではなく、やはり自分たち自身が立ち上がり、一つずつ苦心しながら作っていくところに立ち現れるものなのだと思います。

第六章　平和と永続性のソーシャルビジネス

シューマッハーのスモール・イズ・ビューティフル

社会の現状の問題点をあげればきりがありません。だけど、ソーシャルビジネスは、その問題点をネガティブにとらえるのではなく、希望に反転させていこうという発想を持った、これからの新しい働き方です。そのソーシャルビジネスを考えていく上で大きなヒントをくれる本に、シューマッハーの『スモール・イズ・ビューティフル』があります。

シューマッハーは一九一一年にドイツのボンで生まれ、後にイギリスに帰化した経済学者です。その代表的著作である『スモール・イズ・ビューティフル』は一九七三年に出版されました。その中では、今の技術信仰の経済がやがて行き詰まり、人間疎外が深刻になってくることが予言されています。後の石油ショックを見事に言い当てていたことでも有名になりました。

この『スモール・イズ・ビューティフル』は、私が学生時代から、時々開いてはつまみ読みをするバイブル的な本だったのですが、あたらめて読んでみると、その先見性があまりにもリアルに今の現状……とくに三・一一以降の私たちの現実を言い当てていることに驚きます。そして、これからのあるべきポジティブな生き方として示唆されている、第二章の「平和と永続性」を読むと、まさに我々が目指しているソーシャルビジネスのヒントがそのまま書かれているのです。

私は毎年、夏になれば、休日は鳴門の母の家で、海水浴をしたりして過ごすのですが、今年はふと思いつき、『スモール・イズ・ビューティフル』を持って、いつもの海岸に行きました。そしてパラソルを砂にさし、何気なく第二章から読み始めたのですが、そこに私たちが取り組んでいる仕事の哲学がそのまま書かれていることを見て、ほんとうに神の啓示とでもいうのか、全身に電撃が走ったような衝撃を覚え、同時に「ソーシャルビジネスこそがハッピーへの道」という確信を得たのでした。

「平和と人間的幸福を求める経済は可能か」という主題が、この第二章「平和と永続性」の中で追求されているのですが、それは私たちのソーシャルビジネスのテーマそのものだったのです。このエッセイの中に、私が今回、本の中で言いたいことのすべてがあると言っても過言ではありません。そこで少し紙面を割いて、このシューマッハーの考え方とソーシャルビジネスの接点をお話ししたいと思います。

シューマッハーは、世界にもっとも影響を与えた経済学者であるケインズの弟子でした。ケインズは、贅沢や浪費や開発などによって経済を刺激し、政府の財政発動で経済成長のスパイラルをどんどん上げていくという理論の創始者で、まさにこのケインズ理論によって、戦後の先進国や日本の経済成長はあったのです。

ケインズは、経済成長にとって、「悪いことは良いことである」をポリシーとし、「貪欲と高利と警戒心とを、まだしばらくの間われわれの神としなければならない」とまで言っているのです。

「まだしばらくの間」という意味は、ケインズはそうすることによって、やがて世界中の人々が豊かになり、平和が訪れるだろうと考えていたのです。日本を含め世界の国の多くは、このケインズの理論を採用し、急速な経済発展を果たしてきました。

日本は「土建国家」と言われ、まさに「悪いことは良いことである」とばかりに、必要性の薄い無駄な公共事業をどんどんとやって経済を発展させてきた歴史がありますが、これこそケインズ型の経済でした。無駄でもなんでも、税金を使って穴を掘り、埋め、また掘ることによって経済のスパイラルが上がっていくのだから、この公共事業は善である、というマジックのような考え方です。

ケインズがこの理論を打ち立てたのは一九三〇年でした。それから八〇年以上が経って振り返った今、たしかに経済は発展しましたが、ケインズが予想したように、人々の心が豊かになり世界平和が訪れたでしょうか。答えは明らかにノーです。世界はますます貪欲が肥大し、貧困は拡大し、経済格差は憎しみの連鎖をより深刻なものにしています。

経済大国と言われる私たちの日本では、年間三万人もが自殺をし、その何倍もの膨大な鬱病患者を生み出しています。これがケインズ型経済の行き着いた先の風景だったのです。そして同時に、深刻な財政危機と、例えば原発事故による放射能汚染といった、取り返しのつかないような規模の環境破壊を招いてしまいました。

シューマッハーはケインズに学びつつも、この「人々の貪欲や嫉妬心を意識的に増長させる」

という手法は、やがて理性の崩壊に至る、ということを見通していました。国民総生産が増えていく一方で、人々はますます挫折感や疎外感、不安感におそわれるだろうと予言していたのです。

シューマッハーは「平和の礎を、現代的な繁栄を行き渡らせることで築くことはできない」と考えていました。平和の礎には「英知」が必要で、経済の観点からすると、その英知の中心概念は、「永続性」であるというのです。これは、まさに私たちが繰り返し話題にしている「持続可能性」とイコールでしょう。

彼が引用する、ガンジーの「大地は一人一人の必要を満たすだけのものは与えてくれるが、貪欲は満たしてくれない」という言葉の中に、この英知のインスピレーションがあるような気がします。

シューマッハーは、このケインズ型経済の大きな問題点として、第一にエネルギーを挙げていますが、それに付随して人間の心の問題を取り上げています。「英知」の真逆である「欲望をかきたて、増長させる」という方向は、「どうにもならない外部への依存が高まり、不安が増すだけ」だというのです。

「どうにもならない外部」とは、どういうことでしょうか。まずはエネルギーの問題があげられるでしょう。エネルギーは有限です。一方、人間の欲望は無限です。有限のものが無限のものを支えられるはずがありません。よくハリウッドの大スターやビッグなミュージシャンのような超セレブと言われている人が、借金と麻薬で破たんする、というような話がありますが、これなどは欲望にキリがないことを証明しているのではないでしょうか。

我々庶民は、毎日のように欲望を抑えています。あれも欲しいこれも欲しいと思いますが手に入れることができず、宝くじを買ったりします。だけど豪邸に暮らし、何台も高級車を持った超セレブたちもまた、さらに、あれも欲しいこれも欲しい、と欲望にさいなまれているのです。そうでなければ、年に何十億円も稼ぐ人が、なぜ借金に苦しむ、などということがあるのでしょうか。この「欲望をかきたてる」という方向性は、ケインズが夢見たような平和というゴールとは程遠い、餓鬼の世界なのです。

一方、石油や石炭など、自然資源は有限です。原子力エネルギーなどは、一時は無限のエネルギーとして夢見られたのかも知れませんが、これが人間の欲望を支えるどころか、人間の生きていく存在基盤を根本から破壊する技術であることが、チェルノブイリや福島で証明されてしまいました。

エネルギーの他に「どうにもならない外部」として、経済の問題もあるでしょう。市場経済は「パイの奪い合い」という本質を持っています。人口は有限だからです。徳島県民八〇万人の胃袋を八〇万杯のラーメンで満たしたとして、それ以上はどこにも押し込みようがないのです。ビルゲイツがマイクロソフトのシェアをさらに拡げたいと思っても、宇宙人にでも売るしかないでしょう。パイの奪い合いは有限という本質を持っていますから、「どうにもならない外部」なのです。

そこでマッチョな経済人ならば、だからイノベーション（技術革新・新市場開拓）とでもいうのでしょうか。さらに欲望を創出せよと。だけどそれはもう何十年もやってきました。ポケベルが発明され、文字の見えるポケベルが発明され、携帯電話が発明され、携帯メールが発明され、スマホが発明され……。でも少し待ってほしいのです。それでどんどん私たちの幸せは増してきたでしょうか。便利になって時間ができ、「少しの労働で人間らしい生活ができる」ようになったでしょうか。事態は逆です。私たちはますます忙しく、給料の多くを通信費に吸い上げられ、将来への不安にかきたてられるようになっているのです。

シューマッハーが、ケインズ型は「国民総生産は増えるが、人々はますます挫折感、疎外感、不安感におそわれ」やがて「人間の理性の崩壊に至る」としたのは、こういう理由があったのです。そしてそれは今、我々が直面している現実が証明しています。

こういう事態に対してシューマッハーは、「今日、人々を脅かしている破壊的な動きを逆転させるような技術革新」が必要だとし、『すばらしい世界旅行』などで有名なイギリスの作家オールダス・ハックスレイの次の言葉を紹介しています。

「技術革新の目的が、一般の人たちに利益があり、しかも、やりがいのある仕事をする手段や、ボスからの独立を助ける手段を提供することになれば、この人たちは、自営業者になったり、あるいは自家消費か地域の市場相手の、自治的な共同組織のメンバーになるだろう。今までと方向の違ったこの技術の発展が、人口を分散させ、土地や生産手段の所有、さらには権力と経済力を分散させていくことになるだろう」。

私は、この本が今年出版された本ではなく、四〇年前に書かれた本であることに驚きを覚えます。まさに我々が今、直面している問題は、「仕事にやりがいが感じられないこと」であり、ブラック企業などと言われて人を使い捨てにするような「ボス」から独立する手段が無いことです。そしてこれから求められているのは「地域の市場相手」というローカル経済であり、絆で結ばれた「自治的な共同組織」の復活であり、一極集中を離れて地方に人口を分散させ、権力を自治に取り戻し、経済格差を緩めていくことなのです。

今、地方では、グローバル資本の容赦ない進出により、みんなそれまで携わってきた歴史と地域性を持つ自分の仕事をやめざるを得なくなっています。そして巨大資本の傘の下の末端に入れてもらってなんとか生きていく、というのが、多くの人たちの現実です。

そんな閉塞的な時代に、我々の「とくし丸」は、自立した自営業者のネットワークを地方の中に広げようというのです。しかもその存在が、歴史と地域性を持った地域コミュニティの復興という社会資本の構築に、具体的に寄与するというのですから、我田引水になりますが、まさにオールダス・ハックスレイの理想そのものではないでしょうか。

誰でもはじめられる

シューマッハーは、その「平和を築く技術革新」をさらに具体的に構想しています。

シューマッハーによるとそれは、①安くてほとんど誰にでも手に入れられ、②小さな規模で応用でき、③人間の創造力を存分に発揮させるようなものでなくてはいけない、と言います。

「安い」とはいくらぐらいを言うのでしょうか。シューマッハーは「一仕事場当たりの平均設備投資額は、能力とやる気のある労働者が、ふつう、年に例えば五〇〇〇ドル稼ぐとすれば、その仕事場を造る平均的なコストは、五〇〇〇ドルを限界とするということである」と述べています。そしてさらに「必要コストがこの限度を超すと、少数者に富と権力が集中する。社会からはじき出される落ちこぼれが増える。構造的失業や、行き過ぎの人口集中、挫折感、疎外感が増え、犯罪率が上昇する」と続けています。

つまり、「平和を築く英知のある仕事」は、「年収以下の資本」で始められるようなものでなければならない、というのです。その根拠は、本には詳しくは書かれていませんが、要するに自分の年収程度であれば、頑張れば貯められるし、融資も受けられます。つまり「誰もがやる気を出せば可能」な範囲だということでしょうか。

日本人の平均年収はサラリーマンでおよそ四〇〇万円程度、全体で三百数十万円ぐらいのようですが、とくし丸の開業資金はおよそ三〇〇万円です。内訳は、ほぼ車両代ですが、使用する軽トラックの荷台部分をオリジナルに改造してあって、半分は冷蔵庫を搭載してあるので、それぐらいの値段になります。まさにシューマッハーが想定している規模の設備投資です。

ビジネスにとって「価格の設定」というのは、最重要事項です。「価格」は、それまでの膨大な準備や仕事が世に出る最後の装いです。この価格によって世の中に受け入れられるかどうか、その仕事が仕事として成り立つのかが決定するのですからたいへんです。

さて、とくし丸ビジネスの価格はどこにあるのでしょうか。私たちの仕事は、一人一人の販売パートナーさんが独立事業として移動スーパーを開業するのをお手伝いする、いわばフランチャイズ的な仕事です。なので、価格はどこにあるかといえば、正確には、提携スーパーさんからいただく契約金と売上げに乗じたスーパーバイザー費用ということになるのでしょうが、その前に、販売パートナーさんの開業資金があります。

この開業資金は、車両や備品などの原価だけで、私たち本部がいただくものは一切ありませんので、私たちの立場から「価格」というのは正確ではないような気もしますが、はじまりとして、この三〇〇万円という金額が、ビジネスが成り立つかどうかの一番のキモの部分であることには違いがありません。

私は、はじめて車両の見積もりが出た時、三〇〇万円は高いと思いました。とくに若い人で、三〇〇万円の貯金を持っている人はそんなにはいないでしょう。そしてたしかに販売パートナーさんの募集を始めた時にも、三〇〇万円の資本が用意できない、もしくは借金を抱える決断ができない、ということで躊躇された方々もいました。私は、正直言って創業した当初は、販売パートナーさんが一人も現れなくてこの事業は失敗に終わるのではないか、ということを一番に心配していたのでした。

しかし結果的に心配は杞憂に終わりました。前述の織原さん以降、徐々に知名度がアップしてきてからは、次々とやりたい人が現れてくれたのです。

そして創業から二年半、今は一〇人を超える販売パートナーさんがそれぞれの車で営業をしていますが、その仕事ぶりを見させてもらうにつれ、この三〇〇万円という資本は、実はベストと言えるのかも、と思うようになったのです。

というのは、販売パートナーの皆さんの「真剣さ」です。皆さんにとっても、もちろん三〇〇万円はけっして安いと気軽に言える金額ではないと思います。伺ってみると、それぞれに苦労して貯金をされていたり、融資をうけたりして用意をされています。それまでの前職を辞めるにあたっての勝負の資金という人もいますし、ご家族でコツコツと頑張って貯金されていたものを当てられた人もいます。

三〇〇万円というのは、そんな大切な、ちょっとした勇気と決断のいる金額ですから、そのハードルを越えてはじめられた皆さんは、やはり最初から真剣さが違うのです。

そして、皆さんとお話をしていると、それぞれに独立事業者としての誇りとやりがいのようなものを感じます。ハックスレイの言う「ボスからの独立」というのは、けっして楽な道ではありませんが、やはりそこから得られる精神的な自由には、何物にも代えがたい喜びがあるのだと思います。そういう意味で、開業資金の三〇〇万円は、重すぎず軽すぎず、「自分の仕事」を作る資金としては、適正な金額なのではないかと思うのです。

権力集中を反転させる

今、現実に新しくできている仕事は、巨大資本ばかりが目につきます。中でも、ディスカウントドラッグストアの地方への進出は凄まじいものがあります。徳島でも、幹線道路沿いにコンビニなみに出店しています。新しい建築工事現場の看板を見てみたら、たいていはコンビニか、その手のチェーンストアです。

一等地を買いあさり、あるいは借り、巨大な敷地面積と駐車場を備えた店舗は、とても三〇〇万円ではできません。想像もつきませんが億単位の資本が必要でしょう。

しかし、そういう店が人の気持ちを豊かにしてくれるでしょうか。私も昨日、最近できた店舗の一つに入ってみました。店内は、インテリアや雰囲気づくりにはあまり金をかけず、「安く売る」という一点の機能に絞られたつくりになっています。

人間にもできるだけお金をかけない、という強い意志（？）も感じられます。

店内に従業員の数が極端に少なく、広い売り場面積の割には、レジは三カ所だけ。それも、まあ昼間ということもあったのでしょうが、二カ所は鎖をかけ、稼働していません。一つだけのレジで、レジ係の女性が忙しそうに対応しています。レジが混んで来たら、店内放送で、ほかの人の応援を頼んでいるようです。放送があったら、それまで品出しをしていた人が、小走りでレジに駆けつけています。待っているお客さんもまた無表情で、レジ係の「ありがとうございました」の声にも無反応です。

インテリアやデザインといった「文化」や、「人間」にはできるだけ金をかけずに、一品の利益は薄くても、いかに多くの金をかき集めるか、というシンプルな思想に貫かれています。まるで「その土地の総食糧費」を一店にかき集めるための、巨大な「自動販売機」が、次々と地方を侵食している、といった様相です。

もうそうなると、これは果たして「仕事場」と言えるのでしょうか。アメリカでは「無人レジ」なるものも登場しているそうですし、日本でも取り入れられつつあると聞きます。自動化によって人（人件費）が排除された、自動販売機のような店で、一円でも安いものを買うというような消費生活が、豊かと呼べるはずがありません。

人は、自分以外の人とのコミュニケーションによって、自分の存在を確認する生き物ですから、そのコミュニケーションが無くなっていくということは、自分がどんどん薄いものになっていく、ということです。

ミヒャエル・エンデの『終わりなき物語』は、追いかけてくる「虚無」から逃げる話ですが、人は、自分たった一人では、自分が何なのか、さっぱり掴みどころもない虚無的な存在なのです。自分の生きている「生」をほかの人に投げかけて、それがキャッチボールのように返ってくることで、自分の存在を確認し、心が安定して生きていけるものなのです。

なので、基本的に「無人化」には警戒が必要、というか、それは恐ろしい兆候だと捉えたほうがいいのだと思います。

この原稿を書いている週も、家の一番近くにあるガソリンスタンドが閉店してしまいました。ガソリンスタンドは、もうどこでも「セルフ」になってしまって、有人のところはコスト高で存続できなくなってしまったのでしょう。このスタンドでは、私の知り合いも働いていましたが、彼に次の仕事が早く見つかるのを祈るばかりです。

この、ちょっと昔のSF映画のような社会の中で、「富」は一部の大資本に吸い上げられていきます。全国津々浦々に張り巡らされた自動集金装置の莫大な売上げが、ほんの数パーセントの人たちの元に集まっていくのが、グローバリズムなのです。

もちろんその「ほんの数パーセントの人たち」は、過去に大きな努力をしてきたのでしょう。寝る間も惜しんで、何十年も働いてきたのかもしれません。その大きな努力をした人たちがたくさん儲けるのは当たり前です。

しかし問題は、構造的にその格差は、この自由主義の中で、どこまでもとどまることなく拡大を続けるということです。そして富が集中すれば、そこには権力が集中します。

例えば巨大資本が、テレビコマーシャルや新聞広告などを通じて、メディアに大きな影響力を持つということは明らかです。テレビや新聞などのメディアは、ある意味、政治家以上の権力をふるっていますから、そこを押さえておけば、それは権力を持っていることと同様です。

また、昨今も、日本最大の病院チェーンから東京都知事への献金が問題になりましたが、直接、政治への献金をすることによって、権力をコントロールするということも可能です。大きな選挙になればなるほど金がかかりますから、政治家に金を提供できる人は結果的に権力を握ることになります。

このように、巨大な資本には必ず巨大な権力が集中してくるのです。

しかし考えてみてください。コスト削減＝無人化という、「ずっと努力をして人間を切り捨ててきた人たち（?）に権力が集中する」というこのカタチが、果たしてうるわしい結果を生むことになるでしょうか。

私は、権力の行使における、最大の悪は戦争だと思います。最近では原発なども含まれるでしょう。そこには、「人間を切り捨てる」という共通の思想があります。「国家のためなら死んでもいい」とか「経済成長のためなら死んでもいい」というのは、「健康のためなら死んでもいい」というのと同じぐらい、私には滑稽に感じられます。

人間を中心に考えるのか、システムに隷属するのかの違いだと思います。そして、人間を切り捨てる、ということは必ず、自分を切り捨てるということにつながってくるのです。

ずいぶん大きな話になってしまいましたが、このように、富と権力集中の流れを反転させる技術革新の条件として、シューマッハーは「小資金で創業できる」ということをあげているのです。

小さな規模に英知が宿る

次に、シューマッハーの言う「小さな規模で応用できる」ということを考えてみましょう。

とくし丸は、小さな軽トラックです。そのボディには、食料品や日用雑貨のかわいらしいイラストが描かれていて、いつも二拍子の陽気な音楽を鳴らしています。通りがかりの小学生などは、もう歌詞を全部覚えているので、私たちの車を見たら、「とく、とく、とーく、とくしまるー」と音楽に合わせて歌ってくれます。とくし丸には、そんな町の中での「かわいらしいスモールな存在感」があるのです。

そして販売は、人がちょっとがんばったら、ウォーキングで一周できるぐらいの小さなエリアを回っています。一台一台は本当に小さな、かわいらしい経済活動なのです。

シューマッハーは、平和と永続性のための仕事の条件として、「小さな規模で応用できる」ことをあげていますが、その理由は次のように述べられています。少し長いけれども、そのまま引用してみます。

「……規模の問題が永続性の経済に当てはまることは明らかである。小規模な事業は、いくら数が多くても、一つ一つの力が自然の回復力と比較して小さいから、大規模な事業と比べて自然環境に害を与えないのがつねである。人間の知識というものは、理性よりははるかに経験に依存しているので、小さくて、しかも不完全なものである。この一事だけでも、小さいことの中に英知が潜んでいることがわかる。今日、原子力とか農芸化学とか、輸送技術やその他おおくの技術の例でわかるように、限られた知識を巨大な規模で容赦なく応用するところに例外なく、大きな危険が生じてくるのである。（中略）小さな単位で組織される人たちは、宇宙全体が自分の縄張りの伐採地だという気でいる大企業や大型指向の政府よりも、小さくても大事な自分たちの土地や天然資源の面倒をよくみることは明らかである」。

「土地の面倒をよくみる」ということには、人間をよくみる、ということも含まれるのだと思います。それはとりもなおさず、コミュニケーションが豊かである、ということです。私たちのとくし丸は、週に二回、おばあちゃんたちの顔を見て話をしますので、家族のように密な関係です。そこには明らかに商売以上の心の交流があります。「よくみる」という言葉には、回数が多いという意味と、しっかりと、という強度の意味があると思いますが、とくし丸は、本当に人間とその土地を「よくみる」仕事なのです。

私は今でも、週に二回は自分自身で車を運転して販売に回ります。この原稿を書いている今日も販売の日だったのですが、こんなことがありました。

お客様のSさんは、七〇代後半の女性ですが、過去に脳溢血で倒れられ、今は車椅子の生活です。私が行くと、ヘルパーさんに車椅子を押してもらって、ゆっくりと買い物をされます。言葉も多少不自由ですが、よく聞くと聞き取れます。「バナナ」や「みかん」など、私は発音のニュアンスが分かりますのですぐに理解できますが、初めての人なら何度か聞きなおさなければならないでしょう。

そんな感じなので、いつも会話らしい会話はありませんでした。でも今日は、レジが終わってからお礼を言うと、すぐには帰られずに、車椅子から私の顔を見上げて、何か少し長い言葉を話されたのです。

私はすぐには聞き取れずに、しゃがんで目線を合わせ聞き返しました。それでもまだ分かりません。さらに三回目を聞き直しましたが、何を言っているのかさっぱり分かりません。Sさんは多少いらだった様子でしたが、もう一度ゆっくりと話してくれました。今度は私も聞き取ることができました。Sさんの言葉は「とくし丸は何でも積んどるなあ」だったのです。私はゆっくりと「そうですよ。トイレットペーパーやお米や、犬のおやつまで積んでますよ」と答えました。そうするとSさんは、これまでに見たことのないような笑顔で目を見開いて、「犬のおやつ！」と大きな声で反応されました。その顔を見て私も笑ってしまいました。

ほんの数秒の出来事でしたが、私はなんだか、すごくほっこりとした温かい気持ちになりました。発語の不自由なSさんが、一生懸命に私に話しかけてくれたことがうれしいと同時に、何か誇らしい気分になったのです。Sさんから「あなたを信用しているよ」というメッセージをもらったような気になったのです。私は、これがコミュニケーションというものなのだと思いました。

会話の中身などはあまり関係ないのです。コミュニケーションというのは、表面的には意味のキャッチボールなのかも知れませんが、その本質は、二者間の目に見えないハードルを乗り越える、もしくは壁を取り去る、というようなものだと思うのです。そして「近づく」ということ。人と人が近づく、というのは、本質的にうれしいことなのです。私は、この「近づく」ということこそが、コミュニケーションの醍醐味なのだと、Sさんに教えられたのです。

とくし丸の販売は、朝の準備に二時間半ぐらいの時間がかかります。今朝も私は七時にスーパーに行って、次々と積込の準備を始めました。そして野菜を積んでいる時にふと見たら、トマトを入れたパックに、何の汚れか、うっすらとドリップ痕が付いているのです。私はいつものように自然に、そのパックを丁寧に拭いてから棚に置いたのですが、後から思うと、その時に考えていたのは、「よくトマトを買ってくれるあのおばあちゃんに、きれいなパックで渡してあげたい」ということだったのです。行為自体は、商売なら何でもない当然のことなのですが、この「顔が見える」ということが、意外に自分の仕事に潤いを与えてくれているのかもしれません。

私も、いくらソーシャルビジネスだと張り切っていても、月曜日の朝に起きるときには、例にもれず少しはブルーになります。また一週間の仕事が始まる、と思えば憂鬱にもなるのですが、そういう時の私の処方箋は、まだ眠たい布団の中で、お客様の顔を思い浮かべることです。そうしたら、なぜか少し元気が湧いてくるのです。

私たちのビジネスの師匠である「あいきょう」の安達社長は、口癖のように「これは相対（あいたい）の商売ですから」と言って、その素晴らしさを強調するのですが、最近その意味が何となく分かってきたような気がします。

シューマッハーの言っていることは、難しいことではありません。要するに、「小さい規模には思いやりが生じる」ということなのです。人への思いやり、土地の自然への思いやりです。

それが巨大な規模では、離れすぎて、遠すぎて、分からなくなってしまうのです。

日本全体の経済、などというから現実の危険性を隠ぺいしてしまうということも起こりますが、自分の家のお風呂を、家庭用原子力発電で沸かす、ということになれば、電力会社の役員や政治家たちは採用するでしょうか。

毎日出る灰は汚染されていて捨て場が無いのです。市役所の回収車も回ってきません。まさか家の庭には捨てないでしょう。人目を忍んで夜に山の中にでも捨てに行くのでしょうか。自分の家族の命を守るためならそうするしかないでしょう。ふざけた譬え話と思われるかもしれませんが、原子力発電というのは明らかにそういう「隠ぺいの思想」の元に作られているのです。

戦争も同じでしょう。殺す相手にも私たちと同じように家族がいる、ということを、国家総動員で「思わないようにしよう」ということです。

クラスター爆弾の破片で傷ついている子どもたちがいるということを、国民みんなで「思わないようにしよう」というのが戦争なのです。「思い」を「遣らない」ということ。「思いやり」の真逆です。

シューマッハーが、「平和と永続性」のためには「小さな規模＝スモール」であること、スモール・イズ・ビューティフルと説いたのは、そういうことではないかと、私は解釈しているのです。

エコロジーという観点からも、とくし丸は寄与しています。とくし丸のお客様は一日で五〇人ぐらいです。なので、言ってみれば、五〇人がスーパーへ往復する距離を、横のルートでつないで合理化しているわけです。五〇人がそれぞれ移動するエネルギー総量が、とくし丸一台分のエネルギーで済むのですから、明らかに「エコ」なわけです。将来、電気自動車の軽トラを採用するようになれば、さらにエコ度は高まるでしょう。ちなみにこの事実はうちの子どもたちが「発見」しました。

人間の創造力を生かす仕事

シューマッハーは「平和と永続性」の条件の三点目を、「生産手段や設備に人間の創造力を活かす余地が、たっぷりあること」として、以下のように述べています。

「仕事を現在の姿、つまりオートメーションでできるだけ早く廃止してしまうべき雑用とは見ずに、『人の心身の善であると神意により布告されたもの』と理解するような正しい労働観が必要である。家族の次に社会の真の基礎を成すのは、仕事とそれを通じた人間関係である。その基礎が健全でなくて、どうして社会は健全でありえよう。そして社会が病んでいるとすれば、平和が脅かされるのは理の当然である」。

仕事に創造力を活かす余地がたっぷりある、というのは、我々の追求する「ハッピー」のためにも、不可欠な条件だと思います。決められた仕事を正確にこなすだけで、自分で考えて応用する余地の無いような仕事の中に、喜びを見出すのは困難です。

こんなことを言うと、またマッチョ経営者の声が聞こえてきそうです。「違う。決められた仕事の中にもカイゼンすべき点がいっぱいあって、生産性の向上こそ君たちのクリエーティビティだ」と。

まあそれはある意味そうなのでしょう。工場のオートメーションの中にも、創造力を発揮する余地はあるのだと思います。そしてそういうことに没頭すれば、楽しさも見つけられるかもしれません。どんな場所に居てもハッピーとつながっている、と考えることはできます。

しかし言葉ではそう言えますが、目の前の現実を考えた時に、果たしてそういうことが可能かどうか。可能だけれども、かなり難しい……というのが、本音のところではないのでしょうか。そして現実に、実に多くの人たちが、そこのところで自分の仕事に対して悩んでいるのです。つまり、自分の仕事に面白みややりがいが感じられないと。

私が最初に、「あいきょう」の移動スーパーに同乗させてもらった時、一番に思った感想は、楽しいということでした。山間の集落をトコトコと移動スーパーで回って、おばあちゃんたちが集まってきて、ワイワイ言いながら店を開くのは、とても楽しいのです。安達社長の話では、東京や全国からやってくるゼミ研究の学生たちなどは、よく「癒される」という言葉を口にしていたそうですが、理解できる気がします。

しかしそんな楽しさを感じると同時に、これを三六五日やれと言われて、果たして自分にできるだろうか、と思ったことも確かです。一年のうちには、暑い日も寒い日もあります。梅雨の時期や台風や雪の日もありますが、この仕事は、年がら年中アウトドアなのです。はっきり言って「気持ちのいい日」の方が少ないでしょう。体験乗車で感じたように、いつまで、楽しい、などと言っていられるでしょうか。はなはだ疑問ではあったのです。

そしてオープンから二年半、この間、私自身もずっと販売を続けてきましたが、今、思っているのは、やはり楽しいということです。

いや、たしかに毎朝同じように準備をして、同じところを回って、同じ顔を見ていれば、飽きないと言えばウソになります。

ところが、そこに自分の考えやアイデアで「一工夫」を加えれば、不思議なことに、また新鮮でワクワクする一日が始まるのです。まあ楽しいとは言っても、そこは仕事ですから、それは「じんわりと味わいがある」という程度のものですが、日々の仕事の「味わい」という（とても地味な喜びですが）、これがなかなか見つからなくて、みんな苦しんでいるのではないでしょうか。

私は、仕事の喜びというのは単純なものだと思います。「上から言われて」とか「マニュアルに従って」というのは面白くないのです。「自分の考えでやる」というだけで、同じ仕事をしていても、どこかワクワクとするものです。

私は、だいたい早朝から原稿を書くのが習慣になっているのですが、今日も原稿書きが終わったら販売です。

今日は、お正月の鏡餅の小さくてかわいいのを一杯積んで行こうと、昨晩から準備をしています。カゴに一杯積んだミニ鏡餅を見た時の、おばあちゃんたちの、ワーッと盛り上がる顔を想像すると、楽しい気持ちになってきます。

私の祖母は大阪生まれの商売人で、生きている間中、ずっと小さな商売をしていましたが、「商売は飽きない（商い）やで」とよく言っていたのを思いだします。

何の仕事でも、ルーティンになれば、飽きてしまいます。そこに自分の工夫と努力を加えていくことによって、また興味が湧いてくるのです。

そんな見方からすると、私たちの「とくし丸」は、まさに「創造力を活かす余地が、たっぷりとある仕事」だと言うことができると思います。

人の集まった場で、とくし丸の話をすると、よくみんなに「面白そうな仕事ですね」と言われ、詳しい内容について質問攻めにあいます。みんなどこか羨ましそうなのです。

私は最初、これがすごく意外でした。なぜなら、私が県会議員に落選して、移動スーパーを始める、という話をすると、近所の一人のおばあちゃんから、「センセイがそんなヒキウリやせんでも……」と涙ぐんで話されたことがあったのです。「ヒキウリ」というのは、私も初めて聞いた言葉だったのですが、「引き売り」のことで、要するに大八車（リアカー）を引いてモノを売りに行く、というイメージです。近所のおばあちゃんは、私が議員に落選したとたんに、生活に困って、大八車でモノを売りに行く仕事を始めた、と思ったのでしょう。

そんな風に、年配の人の一部には、行商に対して差別感のような意識がありますので、みんなの、パッと花が咲くような反応には意外な感じがしたのです。

大学生などからは、「かっこいい」と言われます。世代間の認識の違いだと思いますが、若い人から見たら「とくし丸」は、手作り感のあるクリエイティブな仕事に見えるようで、おしゃれなカフェ、と同じようなニュアンスで、かっこいい仕事なのです。

移動スーパーの仕事は、とくに難しい専門知識のいる仕事ではありません。だけども確かに、売上げをアップさせたり、お客さんに喜んでもらえるための工夫を考え出すと、どこまでも奥の深い面白い仕事なのです。

「商売は飽きない」のは、なぜかと言うと、たぶん「人間相手」ということが大きいのではないでしょうか。人間は機械ではありません。体も心も生活環境も、常に移り変わっていく存在です。同じ人間でも、いつも同じ、ということはありません。そんな人間相手の相対の商売だからこそ、いくらでも創造力を発揮する余地があるのだと思います。

また、その移動スーパーのネットワークを作っていく本部の仕事も、「創造力を活かす余地がたっぷり」とあります。というか、ありすぎて、もう少しオートメーション化できないか、と思うぐらいです。「新しい仕事」というのは、蓄積されたノウハウ＝お手本がどこにもありませんから、何もかも自分たちで考えなければならないのです。なので、その仕事は、クリエイティブなどといって恰好をつけていられないくらい、日々、創造力の発揮が求められる仕事なのです。

さらに私が本部の仕事に面白みを感じているのは、「販売パートナーさんにハッピーになってもらいたい」という気持ちが、ベースにあることが大きいと思います。その販売パートナーさんは、買い物に困っている人や、スーパーで働く人に喜んでもらえる、ということがモチベーションになっています。人にハッピーになってもらいたいという、思いやりの連鎖がどこまでもつながっていく仕事なのです。

私は、世の中のすべての仕事がそうなれば理想的だと思います。

シューマッハーは、「仕事を通じた人間関係が社会の基礎である」と言います。その社会の基礎を、ハッピーという原理で、どこまでもつないでいこう、拡げていこう、というのが、私の考えるソーシャルビジネスの思想であり、奥の深い魅力なのです。

第七章　ハッピーになる仕事の哲学

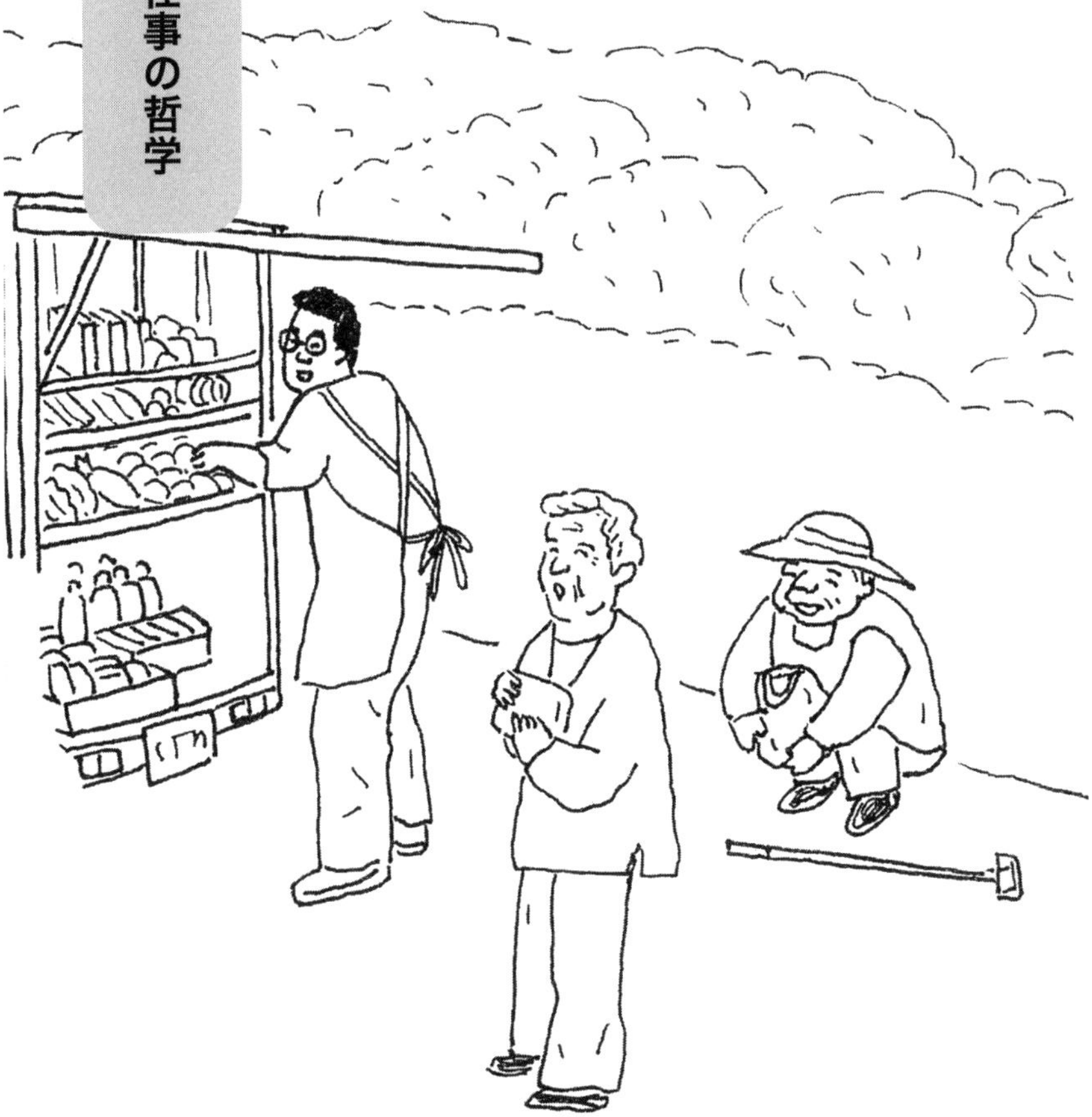

ヒルティの幸福論

私が三年間、この「とくし丸」の仕事をやってきて悟ったのは、「充実した仕事の喜びは、それに応じた苦労からしか導き出せない」という真理です。

私は学生時代から、時代遅れのヒッピーのような考えを持っていましたので、本当は、このような考え方には抵抗がありました。努力してこそ喜びが得られる、などという考えは、マッチョ経営者の、従業員をコントロールする戦略だと。それよりも、スピリチュアルな世界の追求によって、存在しているというだけで、生の充実を感じられる道がある、と思っていたのです。

しかし、たしかに「精神世界」には、そういう道があるとは思うのですが、実際に肉体が活動しているこの現実といわれる外面世界では、やはり、努力が喜びを作る、というのは、悔しいけれども不変の原則のようです。

私も長年、トライ(?)してきましたが、やはり怠惰から幸福感を導き出すのは難しいようです。まるで神様に意地悪をされているように、人間というのはそういう風に出来上がっているみたいです。そして私のこの考えは、日々、仕事を積み重ねるにつれ、仮説の域を出て確信になりつつあります。

「仕事の幸福論」として有名な本に、ヒルティの『幸福論』があります。この本は一〇〇年以上も前に書かれていますが、その、人を幸福にする仕事の意義と具体的なノウハウは、今でも十分通用する、というか、今の自己啓発書以上に日々の力を与えてくれます。

例えば、仕事のヤル気が出ないときにはどうするかとか、時間術なども具体的に書かれていて、とても役に立つ本です。今、本屋さんに行くと、自己啓発書のコーナーには、ずらっと新刊が並んでいますが、どれもこのヒルティの『幸福論』の焼き直しと言ってもいいような内容です。それぐらい、誰にでも通じる原則が書かれた本なのです。

この本の内容は、一言でいうなれば「ハッピーになる仕事術」ということになると思いますが、その冒頭には次のようなことが書いてあるのです。少し長いけれども紹介します。

「……真実と思われる点だけをはっきりと言っておこう。すなわち、すべての人が正当に働くようになれば、いわゆる社会問題なるものは直ちに解決される、しかし、その他の方法では決して解決されないだろう、ということである。(中略)社会に出ていく青年に最初の忠告を与えようとすれば、まず次ぎのようなものになろう。諸君は、ある事柄、またある特定の人々に対する愛と義務感情から働きなさい。何らかの人類社会の大問題に参加するがよい。(中略)今日このような目的は実にありあまるほどあるのであるが、諸君もそのいずれかに参加するがいい。そうすれば、諸君は、最も手軽に、絶えず外から働きかける刺激が得られ、また最初の間はとくに大切な仕事仲間が得られるであろう。(中略)早くから自分自身をこえて、自分だけのために生活しないということが、青年を向上させ、強健にして、事に屈せぬ力を与える唯一の道である。利己主義は常に一つの弱点であり、ただかずかずの弱点を生みだすのみである」。

これを読むと、一〇〇年以上も前に書かれた「ハッピーになる仕事術」のエッセンスが、実にソーシャルビジネスの思想そのものだと思うのです。

今の私は、このヒルティの言葉が真実だということを実感するのです。「自分自身をこえて、自分のためだけに生活しない」などと言われれば、そんな聖者のような生活態度は無理だ、と思われるかもしれません。私もそう思います。だけど今、私が考えるのは、これをそんなに重くとらえる必要はないのではないかということです。

例えば、私はとくし丸の仕事を、第一に自分と家族が「食べていくため」にやっていますが、同時にヒルティが言うところの「人々に対する愛と義務感情」から働いている、と自信を持って言うことができます。そして、買物難民問題が「人類社会の大問題」かどうかはともかく、やはりその社会貢献という意識から「事に屈せぬ力」をもらっているのも間違いありません。

「事に屈せぬ」というのも、そんなに大袈裟ではありません。暑くても寒くても、雪がちらついていても、お客様が待ってくれているのですから、がんばって販売をしたり開拓に歩いたり、といった程度のことです。自分が「食っていくためのパワー」が少し足りない分を、「自分のためだけじゃない」という部分から補ってもらっているのです。それが私を「向上させ、強健にして」くれるのです。

だから私は、ソーシャルビジネスを「きれいごと」だとは思いません。自分自身が食べていく気力を出すための、やむにやまれぬ社会貢献であってもいいと思います。まさしくエゴイズムは「弱点」なのですから。

先の「真実と思われる点だけをはっきりと言っておこう。すなわち、すべての人が正当に働くようになれば、いわゆる社会問題なるものは直ちに解決される」という言葉については、以前の私であれば、とくに印象を受けることもなく「昔の人は素朴に考えるものだなあ」とスル―してしまったかもしれませんが、今は深い意味で、これこそ真実かもしれない、と思うようになりました。

実はそう思うようになったきっかけがあるのです。それは一人のおじいさんとの出会いでした。

人間は働かなあかん

先日、移動スーパーの開拓歩きで、あるお家に入ったら、庭の片隅で汚れた作業着を着て座り込んでいる一人のおじいさんがいました。見ると、小さな焼却炉のようなものに枯れ枝を放り込んでいます。聞いてみると、それは五右衛門風呂の現代版で、枯れ枝を燃やした熱でお湯を循環させてお風呂を沸かしているといいます。原始的なものとは違って、一定の温度が保たれるのだそうです。

私が興味を持っていることをアピールしたら、おじいさんは枯れ枝をくべながら、独り言のようにポツリポツリと話してくれました。いわく「人間は働らかなあかんよ。みんながこうやって庭の枯れ枝でお湯を沸かしたら、少しでも原発がいらん方向に向かう。原発の灰は人間や自然を脅かすけど、この灰は埋めておいたら肥やしになって木を育て、二酸化炭素を吸ってくれる」とのこと。

私が感心して、その通りですね、と答えたら、「お主、わかるか」という風に振り返って、さらにこう続けるのです。「領土問題も政治家がもっと働いたら解決する。何回も何回も中国や韓国に行って話をする、それで帰ってきて国民に話をする、そうやってまじめに働いたら、そのうち知恵が出てきて解決の糸口が見えてくる」。

ガツンときました。これを聞いて、私はいきなり、香港のアクション映画に出てくる老師に出会ったような気がしたのです。「働かないからダメ」という単純きわまりない真実。何を分かりきったことを、と思われるかも知れませんが、私にはピンとくるものがあったのです。

私は、市議会議員の経験から、身に染みて分かるのですが、政治家は本当に働いていないのです。こんなことを言うと、がんばっている政治家の人たちからドッと反論がきそうですが、民間の中で今、実際に役立つ仕組みを立ち上げようとして悪戦苦闘している私には、大きな声で言い切ることができます。政治家は、本当の意味で、とても働いているとは言えない、というのが現実なのです。

政治というのは、アリストテレスに言わせれば、もっとも「棟梁的」な仕事なので、この棟梁が働いていなければどうしようもありません。

もちろん見た目には、政治家はとても忙しく動いています。今日は会議、明日は視察、冠婚葬祭、催しのあいさつ、役人からの説明、本会議に委員会に審議会……と。日常的にはすごく忙しいのが政治家です。たぶん本人たちは「自分たちはすごく働いている」と思っているでしょう。だけど私から言わせれば、それは働いているのではなく「動いている」だけなのです。その振付けのほとんどは官僚によって、そして支持者などによって、あっちへ行けこっちへ行けといって神《み》輿《こし》に乗せられているだけなのです。

市会議員レベルでもそうです。役人から議案の説明を受けて、本会議や委員会で意見を言って、また水面下で役人と折衝して……。それで何か働いていると思っているのが議員なのです。

強いて言えば、公共工事や道路や側溝の陳情、支持者の子や孫を保育所に入れてもらうように役人に捻じ込む、といったことが唯一彼らの「仕事」と言えるでしょうか。もちろん議会の中で、町づくりの提案などのパフォーマンスはしますが、ほとんどが「なんちゃって」で、本気とは思えないものばかりです。

政治の中に「民間の経営感覚を」とはよく言われることです。ニューパブリックマネージメントとかいって、これが民間委託などのコストカットの部分にだけ悪用されるのですが、私は、働く、ということの本当の意味をこそ、政治・行政の中に取り入れなければならないと思うのです。

民間の経営感覚の中では、コストカットというのは合理化の一部の側面で、その本質は、具体的に現実の生産性を高めるということです。その「現実に役に立つものを創る」という感覚が、政治・行政の中に決定的に足りないのです。

先の三好市のｉＰａｄの例でも触れましたが、職員の体裁や議員の手柄のために、莫大な税金が日々、垂れ流しにされているのが現実なのです。

庭の老師は、さらに続けます。「今は、みなどうやったら働かんでいいかばかり考えて、結局、悪い方へ悪い方へ行っている。年寄りも働く、若いものはもちろん働く、みんなが働く方向に考えたら幸せになる」。

次々とすばらしい言葉が出てきて、私は仕事を忘れて熱心に聞き入ってしまいました。シューマッハーやヒルティ、それに庭の老師が辿り着いた真理とは、みんなが「貪欲」を原理としてではなく、平和と永続性を求める「英知」を原理として働けば、あらゆる社会問題は解決し、世界平和が訪れる、ということだったのです。

こんなことは不可能でしょうか。不可能かもしれません。だけど、私たちは、まだ全然それを試していないし、チャレンジもしていない、ということだけは言えます。まだまだ「英知」への挑戦が足りないと思います。私は、もっともっと多くの人たちが、この真実を悟り、どうすればいいか思考と試行をくりかえし、本当の意味での「働く」ことによって、不可能は可能になると信じたいのです。

まあ自分の仕事が、とても小さな力かも知れないけれども、少なくとも世界が悪い方へ行くのをくい止める力になれば良いと思います。

私にとっての「ソーシャルビジネス」は、そんな新しい労働観を体現するキーワードなのです。

危機を乗りこえて

創業以来、いろんな壁がありましたが、一番大きな危機は、当初から協力関係でお世話になっていた地域スーパーの「ファミリー両国」が廃業してしまったことでした。

理由は経営悪化ということでしたが、直接の引き金になったのは、一番の旗艦店のすぐ隣に、県外資本の巨大なショッピングモールができたことだったと私はみています。ファッション雑誌に載っているようなテナントがたくさん入っていて、四国の他県からも集客できるような、大きなショッピングモールです。

この出店による来客の減少で、会社としての決断をせざるを得なかったのだと思います。「ファミリー両国」には、社長さんをはじめ、「共同開発」といっていいような大きな協力をいただきましたので、私たちも心苦しいものがありました。

私たちの理念の一つは、地域スーパーを応援することでしたから、それが志半ばで果たせなかったのです。しかも、フードデザート問題を作りだしている典型的なパターンで、地域スーパーがつぶされてしまったのです。

新しくできたショッピングモールは、若い人たちのショッピングには楽しいのですが、地元の高齢者が日々の買い物をするには巨大すぎます。おしゃれをして、華やかにショッピングを楽しむ若者たちを見ていると、この新しい経済のカタチを否定してばかりはいられないとは思いますが、その陰に声なき買い物難民という問題が新しく生まれているのです。この仁義なき戦いをどこまで続けるのか、そしてそれが結果的に幸せをもたらすのか、真剣に考えてみるべき時期にきていると思います。

さて、「ファミリー両国」の閉店という危機を救ってくれたのは、同じく地元スーパーの「キョーエイ」でした。「キョーエイ」も、古くから地元に馴染んだ老舗で、地産地消をすすめる農家直送の「すきとく市」や、福祉とリサイクル活動を結びつけた「はっぴいエコプラザ」など、CSR活動にも熱心なスーパーチェーンでした。

私たちが「ファミリー両国」閉店の話を聞いたのは、実際の閉店の一カ月ほど前でしたが、その時点で住友社長が「キョーエイ」の埴渕一夫社長のところに駆け込み、相談をしていたのです。そして埴渕社長に協力を受け入れていただき、「ファミリー両国」を基地にしていた、とくし丸各号は、「キョーエイ」のお世話になることが決まったのです。

引き継ぎは、一日だけの休業でスムーズに済ませることができました。お客様の方には、ほとんど迷惑をかけることは無かったと思います。

「お客様目線」から「家族目線」へ

この間の、住友社長の行動力には目を見張るものがありました。一つには、経営者の基本でしょうが、やはり、先にあるリスクを常に見据え、それを回避する対策を考えておくことです。それも次善の策、次次善の策まで考えて手を打っておくことです。私が横で見ていた限り、住友社長はこの度のことで「慌てて動いた」ということではなく、常日頃から、この種のリスクを考えに入れて、人付き合いや行動をしていました。私にはそれが、慎重すぎる、と感じられることもありましたが、実際に何が起こるかわからないのがビジネスの世界です。可能性のあるリスクと、それへの対応を常に考えておくこと、これが経営者の持つべき姿勢なのだと思います。

さらに、「お客様目線」ということです。この度の引継ぎで、私たちは一日だけしか休業せずに済ませたのですが、私は当初、それは無理だと思っていました。荷物の積み替えもさることながら、同じスーパーとはいっても仕事の流れが違いますし、突貫工事でやっても二、三日もしくは一週間ぐらいはかかると思っていたのです。

しかし住友社長は、お客様に迷惑をかけない、ということにこだわっていました。お客様の中には、私たちの移動スーパーだけに頼ってくれている人が少なからずいます。私たちが行かなければ、食料の確保にたいへんな苦労をするに違いないのです。

住友社長は、そういう確固たる信念を持っていますので、「できれば一日も休まずに引き継ぎたい」と言いだしたのです。それはさすがに無理だと説得したのですが、何とかできる準備は前倒しにし、結局は一日だけの休業で済ませることができたのです。

この「お客様目線」という基本姿勢は、どこかで必ずお客様に伝わると思いますし、実はそれが一番の、とくし丸のウリなのかもしれません。というのは、大きな店舗の商売では、ひとりひとりのお客様のことまで考えませんし、たとえ馴染みのお客様が来なくなっても、それ以上の付き合いはありません。だけど私たちは、文字通りのフェイストゥフェイスなので、ほとんどのお客様の家庭事情や行動パターン、体調まですべて知り尽くした関係になります。この信頼関係が、単なる商売を超えて、お互いの思いやりを作り、その絆のヒューマン・ネットワークが、私たちのビジネスをさらに発展させていくのです。

八号車の販売パートナー、北岡弘美さんはまだ三〇代前半の女性です。昨日、助手席に同乗させてもらったのですが、やけに落ち込んだ表情をしていました。どうしたのか、と聞いてみたら、お客さんのBさんが亡くなったとのことでした。このBさんは、私も記憶がありました。二カ月前に北岡さんが開業した時には、私も毎日のように同乗していたのですが、Bさん宅は行くたびに留守で、もう諦めようか、と相談していた矢先にようやく会えて、その後、良いお客様になってくれていたのです。

販売に行くといつも孫の話などをしてくれて、とてもかわいらしいおばあちゃんでした。北岡さんによると、そのBさんと話をしたのが亡くなる三日前、岡山に住む孫のところに行ったときに、とくし丸で買うためのマイバッグの買い物カゴをお土産に買ってきたと、うれしそうに話してくれたそうです。それが、三日後に販売に行ったときには出てこられなくて、近所の人に聞いたら、前日に亡くなったとのことでした。息子さんが訪ねてきたら、お家の中で倒れていて、すでに亡くなっていたそうです。

北岡さんは元介護ヘルパーですが、おばあちゃんやおじいちゃんが大好きで、この仕事を選んでくれた人です。なので、よけいに辛かったのでしょう。目に涙を浮かべて話してくれました。

私たちの「お客様目線」とは単に、お客様の立場に立って考える、というレベルを超えて、いわば家族のような気持ちで接するところにあります。「家族目線」とでもいえるでしょうか。分母の少ない小さな商売だからこそ、こういう信頼関係の構築ができますし、それが自分たちの仕事の喜びにもつながっているのです。

全国に拡がる「とくし丸地域連合」

その後、「キョーエイ」の埴渕一夫社長からは絶大な協力をいただいて、とくし丸はさらにバージョンアップをすることになりました。

レジシステムも、ハンディターミナルを使った新たな方法を、キョーエイ側で開発していただき、準備やレジの時間を大幅に短縮することができました。

そして最近は、県外のスーパーからの視察や提携の申し入れが急増してきました。いずれもそれぞれの地元に根差した「地域スーパー」です。この数カ月ですでに、京都、高知、東京、広島、福島の地域スーパーさんが、「とくし丸」の導入を決められました。

二〇一四年中には、東京のど真ん中をはじめ、全国各地で「とくし丸」がトコトコと走る姿が見られるはずです。私たちも現地に足を運んでお手伝いをさせてもらい、全国の買い物難民を救う画期的なビジネスモデルとして、とくし丸を拡大させていきたいと思っています。

私たちのビジョンは、とくし丸の「地域連合」です。

魚の「スイミー」の話をご存知でしょうか。小さな魚がいっぱい集まって、大きな魚のカタチを作り、襲ってくる敵を撃退する話ですが、小さなとくし丸がいっぱい集まって、地域の食を守る連合体を作り、買い物難民を作り出すフードデザートのメカニズムに対抗しようというのです。

弱肉強食という、容赦なき資本戦争で荒れていく大地に、新しい「思いやり」の種をまいて、水をやるのが「とくし丸」のミッションなのです。

そしてビジネスの側面から言っても、今後、地域のスーパーが生き残るのは、この方法しか無いように思います。コンビニの利便性や、価格競争の不毛な消耗戦の中で衰退していくのか、それとも新しい業態に生き残りをかけていくのか、が問われているのです。

そのためには、私たちも、これまで蓄積してきたノウハウを、惜しみなくアウトプットしていきたいと思っています。

提携の対象は、それぞれの地元資本の地域スーパーに限定したいと考えています。あくまでも私たちは、持続可能なローカル経済の構築のために働きたいと思っていますし、県外のお手伝いの場合にも、その考えは維持したいのです。

そんな訳で、創業からまだわずか三年ほどの私たちの小さな「とくし丸」は、今、大きな局面を迎えています。

買い物難民対策というソーシャル・ミッションが、これからのビジネスのブルー（憂える）オーシャンとして、大きなウネリになって迫ってくるのが感じられます。

私は、この来たるシニア・マーケットを、これまでのような、巨大な資本の草刈り場にされるのではなく、地元経済のCSRやソーシャル・ミッションとして、エチケットを守りながら、新しい「平和と永続性の経済」へのターニングポイントとしたいのです。

それが、私の考える「とくし丸」の「世界戦略」です。

待ってくれているおばあちゃんの所へ向かって、トコトコと走る小さな「とくし丸」が、実は、世界平和と持続可能な経済へ向かって走っているのだ……などと妄想していたら、日々の仕事も楽しくなってくるというものです。

強い社会を作る

昨日も、とくし丸を運転しながらラジオを聴いていたら、世の中は景気が良くなっていると言います。いろんな「経済指標」が改善されているというのです。

だけど私は、その中で、コメンテーターがさらっと言ったことが気になりました。いわく、景気が良くなっているけれども、国債は超長期（今よりもっと未来の子どもからの借金）が可能になって借金は過去最高。そして、ほとんどの地方では好景気は感じられない、とのことでした。

マネーゲームは、政府の操作によって株価などを吊り上げることができます。公共事業は、いくらでも借金をすればできます。未来の子どもたちへツケを回している、という事実に目をふさげば、ケインズ型の景気刺激はどこまでも可能なのです。これで景気が良くなったと喜んでいるのです。

また、別のコメンテーターは、「雇用されている人」の数が過去最高になっている、というデータから、景気効果が出ていると賛美しているのですが、その内容は「非正規が増えている」（非正規雇用はさらに規制が緩和されてフリーになってきています）「女性が増えている」とのことでした。

女性の雇用が増えていることをもって、社会参加が進んでいる、と称えているのです。

私はこれを聴いて、違和感を覚えずにはいられませんでした。

「雇用されている人が増えている」というのは、個人事業が立ち行かなくなって、生きていくために、みんなどこかに雇われざるを得ないのですから当たり前です。地方の労働現場にいたら、そんなことは誰にでもわかります。

女性雇用の増加も同じです。女性の社会進出、などというポジティブな現象ではなく、家計が苦しくて働かざるを得ない、というのが本当の内実なのです。マクロなことを語っていればいい人たちは、数だけを問題にしますが、一人一人の生の人間にとっての重大事はその「質」なのです。仕事の質こそがその人の人生なのです。

今、女性たちは、現場の労働力として、ギュウギュウと効率性の限界まで締め付けられ、クタクタになっているのが現実です。女性の仕事が増えていると言っても、昔は男の仕事だった飲料系の流通の仕事や、生協や食材の配達、トラックの運転手までよく見かけるようになりました。要するに力仕事です。力仕事の現場に、女性が増えてきているのです。

「オンナだって力仕事がしたい」という、積極的な女性が増えてきているのでしょうか。まあ中にはそんな人もいるでしょう。でも私は、多くはそうとは思えません。私は、現場で働く女性たちによく話しかけるのですが、彼女らが決まって言うのは、阿波弁で「働かな生きていけんでえなあ（働かないと生きていけないでしょ）」という言葉です。

生活のためには、なりふりかまっていられない、というのが、多くの女性たちの本音なのです。もちろん私も、基本的に女性の労働力は歓迎です。国の経済力や、土建型からサービス型、知識型へと移り変わる産業構造のなかで、これまで眠っていた女性の力が必要とされているのは間違いないのです。これからの女性の仕事にこそ、希望ある未来の芽が詰まっているような気さえします。しかし今、女性の雇用者が増えているのは、それとは程遠い、生活の必要からきている現象なのです。

皆さんはピンとくるでしょうか。小泉純一郎総理の時には、日本は「いざなみ景気」といって、景気は回復していた、ということになっているのです。日本は二〇〇二年から七年間も「景気が良かった」のです。信じられますか。

そしてまた今、景気が良くなっているそうです。

国の言う景気っていったい何なのでしょうか。私たちはそろそろ気づかなくてはいけないと思います。国のＧＤＰや税収、失業者率などの数字と、国民の幸福感との相関関係が、どんどんかけ離れているということに。

昔は、国という箱の中で、ＧＤＰが大きくなれば、お金がグルグルと回って、みんなの金回りが良くなっていたのです。ところが今は、グローバリズムの中で、国という箱が無くなっていますので、グローバル経済の中でうまくやる大企業の景気が良くなっても、グループの末端や、関係の無い地方にまでお金は回らないのです。

なので、国策の景気対策は、一部の大企業を救うことはできますが、国民の多くは切り捨てられてしまいます。今後、ＴＰＰでますますその傾向は強くなりますが、国の中だけで機能する政治が、「規制」という手綱を放棄してしまったら、もはや国境の無い経済をコントロールすることはできないのです。

テレビの街角インタビューでは、「(景気が良いという)実感はないですね」という答えがいつものパターンになっていますが、実感などあるはずがないのです。経済にしても何にしても、つながっていてこそ全体に響くものですが、そもそもつながりが断ち切れているのですから、響いてこないのは当たり前なのです。

つながりのない社会とは、「誰も面倒を見てくれない」自己責任の社会です。弱肉強食……強いものは肉を食い、弱いものは肉にされる社会です。これは、客観的に見ると「弱い社会」ということになると思います。弱者の生きていけないような社会は、「社会としての機能の弱い社会」といえるでしょう。

弱い社会とはすなわち、人のつながりという社会資本(ソーシャル・キャピタル)の失われた社会です。

人間の欲望をかきたて、自動増殖をしていくテクノロジーとマネーゲームとグローバリズムによって、徐々に人間のつながりという社会資本がすり潰されているのが、今の世の中だと思うのです。

そこで、私たちソーシャルビジネス・パーソンのミッションは、「強い社会を作る」ということになります。

ハッピーになるソーシャルビジネス

「誰も面倒を見てくれない世の中」は絶望でしょうか。

いや、誰もいない世の中なんて存在しません。「自分」がいて、少なくとも周りには、何人かの仲間がいます。

考えてみれば、誰も面倒を見てくれない、という考え方そのものが、依存のパラダイムで、それはハッピーとそぐわない在り方です。依存の姿勢は、決定要因が自分の思うようにならない環境に左右されますので、安定したハッピーにはなりません。

ここはひとつ、自分たち自身が立ち上がって、一から作る、という覚悟を決めてはどうでしょうか。政治やグローバリズムに翻弄されない「強い社会」のクリエイターとして、自分がやる、と決めてはどうでしょうか。そこにこそ私は、ニューフロンティアを開拓する、奮い立つような喜びを見出すのです。

嘆いてばかりはいられません。仕方なしに生きているのではなしに、できれば心から積極的な人生にしていきたいではありませんか。

それに何よりも、私たちには、ハッピーになる、というミッションがあります。

私たちは、失われつつある社会資本を取りもどす、もしくは新しく創造する仕事をしているのです。そしてこれを、民主主義社会の新しい習慣として、持続可能にさせる仕組みこそが、私たちが追求したいソーシャル・ビジネスなのです。

私は、ますます煮詰まり感のある現代社会の中で、今、摑みつつある実感を、一刻でも早く、同じ志を持った人たちに伝えたいと思い、この本を書きました。少々荒削りではあっても、早く伝えることに重きを置いたのです。

なのでこの本には、だいぶん先走りした感もあって、足りない部分がいっぱいあったと思います。そこは、全国の仲間たちにも奮起してもらって、このソーシャル・ビジネスという生き方に、新しいページをどんどん付け加えていってほしいと思うのです。

私の話はこれで終わりますが、ハッピーになるソーシャル・ビジネスという生き方は、これからが始まりです。

この本が、未来に希望を作り世界に平和をもたらすための、そしてみなさん自身のハッピーのための、新しい一歩を踏み出すきっかけとなれば最高です。

あとがき

夏の海で読み直したシューマッハーに着想を得、この三年間の奮闘を、私見を挟みながらスケッチしてみました。

この本に書いた多くのことは、とくし丸の社長である住友達也さんから、時には昼ご飯を食べながら、時には移動の車の中でご教授いただいたものです。

この場をお借りして、膨大な時間の惜しみない経営学レクチャーに対し、最大の感謝を述べさせていただきたいと思います。

そして、仲間で仕事をする喜びを教えてくれる販売パートナーの皆さん、現場で支えてくださっているスーパー関係者の皆さん、何よりもこのとくし丸ビジネスを持続させて下さっているお客様に大きな感謝を申し上げます。「お客様は神様です」（古い！）という言葉を日々実感しています。

いつも迷惑をかけている家族たち、妻の美智子、長女のはるか、長男の元清の協力でこの本はできました。みんなが「パパの本」を楽しみにしてくれているおかげで、毎朝早起きをしてパソコンに向かう習慣ができたのです。

最後に、緑風出版の高須次郎さんには、前作に引き続き、私の活動に光を当てていただいたことに、言葉に尽くしきれない感謝を申し上げたいと思います。

いまだに生活を支えてもらっている母と、根っからの善人であった亡き父、亡き祖母にこの本を捧げます。

[著者略歴]

村上　稔（むらかみ　みのる）
1966年（昭和41年）徳島市生まれ
京都産業大学外国語学部卒
（株）リクルート勤務などを経て帰郷
平成11年～23年　徳島市議会議員（3期）
平成12年　全国初となる、国の大型公共事業を問う住民投票条例を制定、吉野川可動堰計画を中止に追い込む
平成23年～　買い物難民対策のソーシャルビジネスに従事
移動スーパーの地域連合をプロデュースすべく、全国を走り回る日々

著作等
『吉野川対談　市民派を超えて』（俳優・中村敦夫氏との対談）
『希望を捨てない市民政治』2013年、緑風出版
『変革の可能性としての市民政治』（哲学者・國分功一郎氏との対談）at プラス17号、太田出版
著者メールアドレス　mm920@aioros.ocn.ne.jp

JPCA 日本出版著作権協会
http://www.e-jpca.com/

* 本書は日本出版著作権協会（JPCA）が委託管理する著作物です。
本書の無断複写などは著作権法上での例外を除き禁じられています。複写（コピー）・複製、その他著作物の利用については事前に日本出版著作権協会（電話 03-3812-9424, e-mail:info@e-jpca.com）の許諾を得てください。

買《か》い物難民《ものなんみん》を救《すく》え
——移動スーパーとくし丸の挑戦

2014年7月10日　初版第1刷発行　　定価1800円＋税

著　者　村上稔©
発行者　高須次郎
発行所　緑風出版
〒113-0033　東京都文京区本郷2-17-5　ツイン壱岐坂
［電話］03-3812-9420　［FAX］03-3812-7262［郵便振替］00100-9-30776
［E-mail］info@ryokufu.com［URL］http://www.ryokufu.com/

装　幀　川﨑孝志　　イラスト　村上美智子
制　作　R 企 画　　印　刷　シナノ・巣鴨美術印刷
製　本　シナノ　　用　紙　大宝紙業　　E1500

〈検印廃止〉乱丁・落丁は送料小社負担でお取り替えします。

本書の無断複写（コピー）は著作権法上の例外を除き禁じられています。なお、複写など著作物の利用などのお問い合わせは日本出版著作権協会（03-3812--9424）までお願いいたします。

Minoru MURAKAMI© Printed in Japan

ISBN978-4-8461-1411-4　C0036

◎緑風出版の本

■全国どの書店でもご購入いただけます。
■店頭にない場合は、なるべく書店を通じてご注文ください。
■表示価格には消費税が加算されます。

希望を捨てない市民政治
—吉野川可動堰を止めた市民戦略

村上　稔 著

四六判上製
二〇〇頁
2000円

吉野川に巨大可動堰を造る計画に反対する為、選挙に打って出て、議会構成を逆転させ、住民投票を実現。最終的に計画を中止に追い込んだ。本書は、その運動の戦略と経緯を明らかにすると共に、市民運動の在り方を問う。

よみがえれ！清流球磨川
—川辺川ダム・荒瀬ダムと漁民の闘い

三室勇・木本生光・小鶴隆一郎・熊本一規共著

四六判上製
二三二頁
2100円

内水面の共同漁業権を武器に川辺川ダム計画を中止に追い込み、また荒瀬ダムを日本で初めてのダム撤去に追い込んだ、球磨川漁民の闘いの記録。既存ダムを撤去に追い込む闘い方を含め、今後のダム行政を揺るがす内容。

虚構に基づくダム建設
—北海道のダムを検証する

北海道自然保護協会編

四六判上製
三二八頁
2500円

ダムは、建設に莫大な費用がかかるのに、寿命は百年ほどだ。また、ダムは河川環境を悪化させる。本書は、北海道のダムを検証しつつ、むだなダム建設が止まらない原因を明らかにし、川を取り戻すための施策を提言する。

ダムとの闘い
—思川開発事業反対運動の記録

藤原　信 著

四六判上製
二六四頁
2400円

今再び凍結中のダム事業が復活している。土建業者だけが儲かる、何の意味もない、自然を破壊し、地元住民を苦しめ、仲違いさせるだけのダム事業。その中でも、極めつきが、栃木県の思川開発事業。その反対運動の記録。